Mein Name ist nicht Julia

von

Fritzi

Inhaltsverzeichnis

Inhaltsverzeichnis

Inhaltsverzeichnis

Geliebt werden

Manchmal
In Momenten wie diesen
will ich nur eines.
Geliebt werden.
Geliebt werden,
von Menschen
die nicht dazu verpflichtet sind,
nicht von meiner Familie
oder dem lieben Gott.
Eltern lieben ihre Kinder bedingungslos.
Ich will geliebt werden,
weil ich so lache
wie ich lache,
weil ich so schreibe
wie ich schreibe,
weil ich so rede
wie ich rede,
weil ich so bin
wie ich bin.
Und weißt du was?
Am aller liebsten
möchte ich von dir geliebt werden,
in den Arm genommen werden,
einen Kuss aufs Haar kriegen
und gesagt bekommen,
dass alles gut wird und du mich liebst.
Doch davon kann ich nur träumen.
Ich weiß ich gebe mich stark und taff,
doch tief im inneren weiß ich es längst.
Ich weiß dass du mich nie so lieben wirst
wie ich dich liebe.
Schon allein deshalb,
weil du mich gar nicht richtig kennst.

Deine Worte an mich

„Vergiss mich!",
sagtest du.
Doch wie soll ich etwas vergessen
was direkt vor meiner Nase ist?
„Küss mich!",
sagtest du.
Und ich tat es.
Mit dem Wissen, dass es falsch ist.
„Lass mich in Ruhe!",
sagtest du.
Und das obwohl DU MICH geküsst hast.
„Schau mir in die Augen!",
sagtest du.
Und obwohl ich wusste, ich verliere in ihnen,
Tat ich es.
„Ich kenne sie nicht!",
sagtest du
zu deiner Neuen.
irgendeine dahergelaufene blöde Kuh.
„Ich lass dich nicht fallen!",
hast du mal gesagt.
Und ich hatte dich Ernst genommen.
„Verpiss dich, Arschloch!",
sage ich jetzt.
Und meine es Ernst.
Immer.
Anders als du.

Once Upon a Time

Once Upon a Time.
Es war einmal.
So fängt jedes Märchen an.
Doch muss auch mein Märchen so anfangen?
Vielleicht nicht.
Vielleicht reicht es wenn mein Märchen im jetzt spielt,
nicht vor 100ten von Jahren oder in der Zukunft.
Wenn mein Märchen nicht in einem anderen Land
oder einer fremden Galaxie spielt.
Mein Märchenprinz.
Der schönste und klügste von allen.
Doch muss es wirklich so sein?
Vielleicht nicht.
Vielleicht reicht es
wenn er für mich der schönste ist,
nicht für alle anderen.
Und wenn sie nicht gestorben sind, dann leben sie noch
    heute.
Doch muss jedes Märchen ewig sein?
Vielleicht nicht.
Vielleicht kann es ja auch nur ein Jahr oder ein Tag sein.
Vielleicht auch nur eine Millisekunde,
in der du mir in die Augen schaust.

Mutig

Wenn ich mutig wäre,
würde ich es dir sagen.
Wenn ich mutig wäre,
würde ich nicht klagen.
Wenn ich mutig wäre,
würde ich es heraus brüllen.
Wenn ich mutig wäre,
bräuchte ich keine Hüllen.
Wenn ich mutig wäre,
würde ich strahlen.
Wenn ich mutig wäre,
würden sie uns nicht trennen:
die Zahlen,
die Kilometer,
die Stunden,
die Massen von Menschen,
die von dir erzählen
und mich damit quälen.
Die dich schlecht machen
und Dinge erzählen,
diese Sachen.
Und über dich lachen,
in meinem Nacken
als hätten sie selbst keine Macken.
Doch weil ich nicht mutig bin,
sitze ich in meinem Zimmer
und habe nicht den leisesten Schimmer
wo du bist
oder was du tust.
Doch weil ich nicht mutig bin,
sitze ich hier,
stütze mich auf meinem Kinn,
überlege,

denke nach
wie ich mutiger werden kann
damit du gefangen bist in meinem Bann.

Gefühls-Wirrwarr

Wie ich mich fühle, fragt ihr mich?
Überflüssig.
Allein gelassen.
Unnötig.
Das fünfte Rad am Wagen.
Verletzt.
Gekränkt.
Wütend.
Traurig.
Verarscht.
Die zweite Wahl.
Ausgetauscht.
für einen besseren
Denkst du an mich wenn du weinst und dich von ihm
　　trösten lässt?
Denkst du an mich wenn ich daneben stehe und unbe-
　　rührt spiele?
Denkst du, es lässt mich kalt,
Ausgetauscht zu werden?
Daneben stehen zu müssen,
zu sehen wie du an mir vorbei ziehst.
Ich habe auch Probleme.
Möchte auch getröstet werden,
mich nicht immer in den Schlaf weinen.
Das verlange ich gar nicht von dir.
Ich will nur meine beste Freundin zurück.
Und zwar richtig.
Keine halben Sachen.
Das macht mich nur noch trauriger.
Also komm zurück
oder geh ganz.
Lass mich nicht als zweite Wahl stehen.
Aber mir geht es gut,

Danke der Nachfrage.

Endlich

Endlich weg
von da
wo ich war.
Neue Wohnung,
neues Heim,
ich bin da.
Bin da,
weil ich endlich mutig genug war,
zu sagen was ich denke,
zu tun was ich sage,
zu sein wer ich bin
mit erhobenem Kinn,
zu schreiten wie 'ne Königin.
Knie vor mir nieder,
schwöre mir deine Treue.
Sei mein König,
der neben mir regiert.
Unser kleinen Königreich,
nur ein Haus
voller Glück
mit vielen Kindern,
alle munter,
unser Leben wird nur bunter.
Knie vor mir nieder,
schwöre mir deine Treue
und ich zeige vielleicht Reue.
Das weckt meinen Mutterinstinkt,
wenn du hinkst.
Du bist keine Mimose
mit zerrissener Hose,
mit blauem Auge
und schmutzigem Hemd.
Komm in meine Arme,

Ruh' dich aus.
Ich pass auf dich auf.
Weine ruhig,
schlafe gut.
Du hast ihn genug bewiesen
deinen Mut.

Was will ich?

Ist es gut zu wissen was man will?
Dann wird man selbst nicht mehr gewollt.
Ich weiß was ich will.
Dich. Deshalb willst du mich nicht.
Was für eine Ironie.
Meine Freunde sagen du bist Feige und beleidigt.
Ich sage du bist schüchtern
und blockiert hast du mich, weil du mich magst.
Ist doch klar.
Ich verstehe nicht was sie wollen.
Sie verstehen das nicht.
Sie verpassen mir Hiebe.
Das ist die...
Nein, das spreche ich nicht aus.
Ist viel zu gefährlich.
Vielleicht hört das jemand.
Du bedeutest mir nichts.
Nur einer von Tausend.
Ich habe die Wahl.
Kann mir aussuchen,
wen ich will.
Doch,
ich will immer das was ich nicht kriegen kann,
weil du mich nicht lieben kannst.
Scheiße.
Jetzt habe ich es doch gesagt.
Es ist mir egal.
Denn jetzt,
bist du mir egal.
Hast meine Nerven strapaziert.
Jetzt reicht's.
Ich bin fertig mit dir.

Traum

Es ist wie im Traum,
gänzlich ohne Raum.
Als würde ich schweben,
als hätte ich Flügel,
als würde ich gleiten,
als hätte ich Ruhe.
Weiß.
Es ist überall weiß.
Egal, wo man hinschaut.
Doch wenn man in sich hinein geht
und die Augen schließt,
ist alles voller Farben.
Man muss es nur zulassen.
Man darf den Traum
nicht zum Alptraum werden lassen.
Man muss frei bleiben.
Es ist wie ein Spiel.
Es zieht sich hin.
Ich will nicht wach werden.
Ich will nicht schwach werden.
Ich will nicht taumeln.
Ich will stehen.
Ich will nicht wanken.
Ich will gehen.
Ich will nicht fallen.
Muss mich halten.
Kann nicht bleiben,
Will nicht gehen.
Muss wieder aufwachen,
sonst sterbe ich.
Aber ist das so schlimm?
Besser als wach werden.
Doch dann werde ich wach

und der Alptraum beginnt.

Der eine Moment

Es ist dieser eine Moment,
kurz vor dem schlafen gehen.
Es ist dieser eine Moment,
wenn das Wasser auf meinen Körper fließt.
Es ist dieser eine Moment,
wenn ich kurz vor'm scheitern bin.
Es ist dieser eine Moment,
wenn ich es doch geschafft habe.
Es ist dieser eine Moment,
wenn ich falle.
Es ist dieser eine Moment,
wenn ich mich fallen lasse
und es ist dieser eine Moment,
in dem ich mich wieder aufrappel.
Es ist dieser eine Moment.
Dieser eine Moment,
in dem ich an dich denke.
Eigentlich denke ich immer an dich,
jeden einzelnen Moment.
Ich sehe dein Gesicht vor mir.
Ich sehe dich lachen
und ich sehe wie du mir Mut zuflüsterst.
Ich sehe, dass du zu mir gehörst.
Ich sehe, dass ich dich liebe
und dass du mich liebst.
Dieser Moment,
dieses Gefühl
ist berauschend.

Mission abgeschlossen

Jeden Tag
wieder neu,
wieder auf Anfang,
nochmal anders.
Action.
Nein, CUT!
Nochmal zurück gespult,
nochmal geändert.
Die Fehler beglichen,
die Ecken geschliffen.
Scheiße,
so geht das nicht.
Script umgeschrieben,
Story um geschmissen,
Charaktere geändert,
Bild neu gemalt,
in der Regie hinterfragt.
Es muss perfekt sein.
Es muss echt sein.
Es muss wirken,
emotional.
Es muss dir zeigen,
wer ich bin.
Es muss dich feige werden lassen
und mutig zugleich.
Mission abgeschlossen,
mit einem Ja,
von mir,
Klar, geh ich auf den Abschlussball, mit dir

Quälereien

Quälend langsam,
ohne es zu wissen,
hast du dir mein Herz genommen.
Ich habe mich dir geöffnet,
dir alles preisgegeben,
war ich.
Wir schwammen auf einer Welle,
selber Humor,
dumme Witze,
ernste Gespräche.
Eine Nachricht
ist ein Lächeln.
Immer glücklich,
wenn du es bist.
Handy an.
Neue Nachricht?
Leider nein.
Enttäuschter Seufzer.
Und jetzt?
Ich glaube ich habe einen Fehler gemacht.
War so dumm.
Du warst der Erste,
der Erste der mir wirklich was bedeutet.
Ich weine.
Kann es selbst nicht glauben.
Keine Konzentration mehr.
Kein Lächeln mehr.
Keine Nachricht mehr.
Ich mag dich wirklich,
habe ich dir geschrieben.
Doch es war eine Lüge,
schon wieder.
Ich liebe dich.

Anscheinend auf den ersten Blick.
Noch einer Woche.
Es ist schon Liebe.

Blind

Ich kann nicht glauben,
dass ich das schreibe.
Denke doch immer an dich.
Bin schon gar nicht mehr glücklich,
denn du warst der Grund.
Der Grund warum ich lache.
Der Grund warum ich lächle,
warum ich mich schäme,
warum ich mich für dumm halte
und jetzt
bist du der Grund,
warum ich weine.
Hätte nie gedacht,
dass du mir so viel bedeutest.
Du sagtest es sei nicht meine Schuld,
doch ich weiß,
Ich bin selbst Schuld.
Hätte erkennen können,
dass du es ernst meinst,
dass du es wirklich wolltest.
Ich war so dumm und blind.
Blind und dumm vor Liebe.
Ich lasse dich nicht in Ruhe.
Du bist mir so wichtig.
Viel ZU wichtig.

Wiedervereinigung

Du bist wieder da.
Du hast mir verziehen.
Es war ein langer Weg.
Sehr schwer für mich.
Es ist Weihnachten,
das Fest der Liebe
und ich will dir sagen, dass ich es tue,
dich liebe.
Ich will, dass du mich fragst,
ob ich mit dir gehe.
Das ist mein größter Wunsch.
Er kommt von Herzen.
Doch er wird wohl nicht erfüllt.
Ich denke nicht,
dass du
meine Gefühle erwiderst.
Ist viel zu unwahrscheinlich,.
Nach so kurzer Zeit.
Doch wir haben viel erlebt.
Ernste Gespräche,
Sinnfreie Konversationen,
Schreckliche Links,
der erste Streit.
Lass mich doch glauben,
dass ich dir was bedeute,
dass du mich wirklich magst,
dass aus uns was werden könnte,
dass ich die Einzige bin.
Die Einzige bin, für dich.

Der Blick

Schau mich bitte,
nur einmal,
so an.
Mit diesem einen Blick,
den mir noch nie Jemand zugeworfen hat,
den Jungs nun mal drauf haben.
Ich kann's nicht beschreiben,
doch ich weiß,
du weißt, was ich meine.
Denn du weißt immer was ich meine.
Doch trotzdem weiß ich,
dass ich nicht mehr bin
als ein Kumpel.
Denn du sahst mich nie
mit diesem Blick an.
Ich habe dich schon Mädchen,
vor mir,
so ansehen sehen
und du wirst,
auch nach mir,
Mädchen so ansehen.
Aber nie werde ich es sein,
die das Glück hat.
Ich kenne dich zu gut dafür.
–Habe ich immer gedacht.
Doch jetzt,
hab ich's kapiert.
Du wirst mich nie so ansehen,
weil du mich doch liebst.
Der Blick,
den ich meine,
er leitet nichts ernstes ein.
Aber jetzt kenne ich deinen Blick

wie du geliebte Menschen anschaust.
Und glaube mir;
Ich werde immer,
genauso,
zurück sehen.

Menschen wie Ich

Fürsorglich,
Großes Herz.
Am rechten Fleck.
Besorgt,
tolerant.
Will immer nur das beste,
sieht nur das Gute,
keine Vorurteile,
trotzdem Humor.
Eigentlich,
keine schlechten Eigenschaften,
doch trotzdem,
fühle ich mich elendig.
Denn Menschen wie ich sind es,
Menschen die den Ballast
auf die Schultern kriegen..
Menschen die oft ausgenutzt
oder enttäuscht werden.
Wir
haben es nicht immer leicht
doch;
eine weitere Eigenschaft ist
wir halten viel aus.
Wir tragen es mit uns rum,
fressen es in uns rein,
wir brechen doch nicht zusammen.
Wir sind eben
ganz speziell.
Wir sind wunderbare Menschen.
Jeder
verdient es
so jemanden zu kennen,
denn wir

lieben
die Leute in unserem Umfeld.
Ich
liebe
EUCH.

Bald weg

Vielleicht bist du bald weg,
nicht mehr da.
Einfach so,
von jetzt auf gleich.
Erkennst mich jetzt schon nicht mehr.
Du bist geblendet.
Die Art von Mensch,
die ich nicht ab kann
und doch
liebe ich dich.
Ziemlich verrückt,
doch so ist Familie halt.
Ich weine.
Kann den Gedanken nicht ertragen,
dass du nicht mehr da bist,
dass du verschwindest
und nie mehr auftauchst,
dass ich mein Leben
ohne dich leben soll.
Noch ist es nicht soweit
doch der Tod
rückt immer näher.
Er soll dich nicht mitnehmen,
soll bloß weg bleiben,
dich nicht ergreifen,
zerquetschen,
mitnehmen
und nie wieder bringen.
Doch es ist der Tod
auf wen hört der schon.

GEH

Es ist schwer zu sagen,
immer nur klagen,
immer nur meckern,
immer nur quängeln.
Oh, ich leide,
habe Schmerzen,
geht's nicht gut,
streite
und ich sage:
Halt die Klappe
und bleib ruhig.
Geh mit Gott,
aber geh.
Geh für immer.
Komm nie wieder
und wenn du doch kommst,
schwöre ich dir
wirst du wirklich leiden.
Ich werde dir zeigen,
wie es ist
zu sterben
und doch weiter zu leben,
zu vergammeln
und mumifiziert zu verrotten
und dann gehst du
und kommst nie wieder
und wenn du doch kommst,
schwöre ich dir
siehst du mich nie wieder.
Dann bist du das,
was man zu ignorieren hat.

Sei ein Tier

Wenn du ein Tier wärst,
wärst du ein Tiger,
würdest dir nehmen was du willst.
Würdest die Gazelle,
wie die am vor Tag,
einfach verspeisen,
wie alle anderen,
sähest keinen Unterschied,
abgesehen vom Geschmack.
Würdest die Knochen dann
verschimmeln lassen
und dir am nächsten Tag,
die nächste nehmen.
Und die Gazellen?
Die fallen immer wieder drauf rein.
Doch ich habe Glück,
denn, Gott sei Dank,
wäre ich keine schwache
Gazelle.
Ich wäre ein Löwe.
Ich würde es machen wie du,
wäre dein Konkurrent,
würde dich hungern lassen.
Bis zu dem Punkt
an dem du dich
für mich entscheidest.
Ich würde dich mich kosten lassen
und fortan
würden wir zusammen
Antilopen jagen.

Das Karussell

Ich denke zu viel
und rede zu wenig.
Ich rechne immer
und komme auf keine Lösung.
Ich bilde mich weiter
und bilde doch keine Antwort.
Ich lache viel
und weine trotzdem.
Ich renne ständig
und doch auf dem selben Fleck.
Ich bleibe nie stehen
und kann doch nicht weiter gehen.
Es ist eine Art Karussell,
immer im Kreis,
immer von vorne
und wenn das Ende naht,
kommt auch der Anfang wieder.
Wenn ich weine,
lache ich auch bald.
Wenn ich denke,
werde ich auch den Mund auf machen.
Wenn ich laufe,
komme ich auch voran.
Wenn ich nicht weiter gehen kann,
löst sich doch irgendwann die Starre.
Wenn ich dich los bin,
kommst du doch wieder.
Wenn du mich hasst,
kommt die Liebe bald zurück.
Wenn wir uns belügen,
wird bald die Wahrheit aufgedeckt.

Immer gleich

Unsere Herzen
schlagen im Einklang,
immer gleich auf.
Unser Blut
rauscht in der selben Geschwindigkeit
durch unsere Venen.
Unsere Worte
und Taten
sind aufeinander abgestimmt.
Bist du dagegen,
bin ich's auch.
Sind wir dafür,
schreien wir's laut.
Wenn du deine Fäuste ballst,
sind meine schon im Flug.
Wenn ich gerade meinen Mund öffnen will,
kommen die Worte schon über deine Lippen.
Wenn ich alles raus schreien will,
machst du's mir mit Vergnügen nach.
Und falls ich mal weinen wollen würde,
würden wir's zusammen tun.
Doch wir wollen nicht weinen,
denn wir haben einander.
Wir passen darauf auf,
dass der andere gut schläft
und wenn du mal weinen willst,
dann ruf mich an.
Ich bin gleich nebenan.
Ich komme vorbei
um dich zu trösten.

Deine und meine Liebe

Ich liebe es,
dich zu lieben.
Ich hasse es,
dich zu missen.
Ich liebe die Streits
und die Versöhnungen.
Ich liebe es Dinge zu tun,
die dich glücklich machen
und ich hasse es Dinge zu tun,
die dich enttäuschen.
Ich liebe es
als letztes am Tag
an dich zu denken.
Und ich liebe es
als erstes am Tag
an dich zu denken.
Ich hasse es,
dass du das
wahrscheinlich
nicht tust
und trotzdem,
jedes mal
wenn du dir Gedanken um mich machst
und ich es merke,
mache ich mir Hoffnungen.
Deswegen, bitte,
sag mir endlich
was Sache ist
und lass die Sache, bitte,
deine Liebe sein,
welche du für mich hegst.

Kompliziert

Das Wort, das mich beschreibt.
Das Wort, welches das Gegenteil von Hass ist.
Das Wort, das sich auf 'mich' reimt, aber mit d.
Punkt.
Das Wort, das von wollen kommt,
aber mit -st Endung.
Das Wort für dich, welches sich auf Clou reimt.
Das Wort, das alles verbindet, mit m.
Das Wort für mich, was sich auf dir reimt.
Das Wort, das für Verbindung steht.
Und dann
sein.
Für immer
am liebsten
oder länger.
Bis in alle Ewigkeit.
Ich denke nicht,
dass deine Antwort ja wäre.
Eher 'nein'
oder
'haha'
'Spinnst du?'
Oder wahlweise auch:
'Hä, wie jetzt? Ernsthaft?'
Und viel schlimmer.
Nie wieder
eine Nachricht.
Nein, danke.
Kann ich drauf verzichten.
Also bleibe ich still
und leide in mich hinein.

Verzweiflung

Halleluja.
Bitte helft mir,
alle Götter die es gibt.
Ich drehe durch.
Ich habe es getan.
Ihm gesagt
was ich empfinde.
Ich sterbe.
Bin eigentlich schon tot.
Was passiert nur mit mir?
Was soll ich sagen
wenn er antwortet?
Was wird er antworten?
Ich komme nicht darauf klar.
Ich habe zu lange nachgedacht
und es doch zu früh getan.
Ich werde die Qual,
der Abweisung,
nicht aushalten können.
Dem Druck nicht stand halten.
Ich versinke in Angst.
Ich bin den ersten Schritt gegangen.
Jetzt geh du den nächsten
und, bitte, in meine Richtung.
Denn wenn nicht
zerbricht mein Herz
in Tausend Teile,
verstreut auf dem Boden.
Bitte,
sammle sie auf.

Ich selbst

Mein Problem?
Das bin ich selbst.
Meine Macken,
Meine Ticks,
Meine Art
etwas zu tun
oder zu sein
wer ich bin.
Mein Lächeln,
was wohl eher lächerlich ist.
Mein Lachen,
welches eindeutig lachhaft ist.
Meine Figur,
welche man eher als Statur beschreibt.
Mein Ich,
welches viel zu sehr ich ist
um geliebt zu werden.
Um gehegt,
gepflegt
und umschmeichelt zu werden.
Wahrscheinlich
habe ich deine Liebe
tatsächlich nicht verdient,
aber weh tun tut es trotzdem.
Vielleicht hätte ich doch
mit falschen Hoffnungen
weiter leben sollen.
Das hätte wenigstens
den Schmerz erspart,
aber trotzdem bin ich froh,
dass du es jetzt weißt.

Mein eigenes Leben

Du machst mich kaputt,
von innen heraus.
Zerstörst alles an mir
und das willentlich.
Deswegen habe ich mich von dir getrennt
und tue es noch einmal.
Ich habe meine Wand geleert,
mein Gedächtnis gelöscht
und alle Erinnerungen an dich
in den Müll geschmissen.
Seit du weg bist
läuft mein Leben gut.
Ich fühle mich angekommen
und zu Hause.
Ich habe wahre,
echte Freunde
und mein Leben fest in der Hand.
Du bist wie ein Fluch
der auf mir liegt.
Viel zu viele Menschen
denken noch an dich
wenn sie mich sehen.
Ich bin eigenständiger Mensch.
Verdammt nochmal.
Ich atme,
rede,
lebe
und schreibe diesen Vers
aus eigenem Entschluss,
weil es zu mir passt,
weil das ich bin
und nicht du.
Ich bin nicht mehr dein Schatten

und du nicht mehr meiner.
Wir führen getrennte Leben.
Finde dich damit ab,
denn ich komme Prima klar.

Erna

Du hast es verdient ihn zu kriegen.
Hast dich so lange gequält
und gewartet
und du hast ihn bekommen
und ich bin froh,
glücklich,
freue mich für dich.
Ich bin voller Adrenalin,
als hätte ich es selbst geschafft.
Will dir nur ein kleines Gedicht widmen,
weil du ihm so viele gewidmet hast.
Du hast ihn verdient
und ich glaube daran,
dass eure Liebe ewig währt.

Angst

Wenn ich nie deine Hand nehmen würde,
würdest du dann gehen?
Wenn ich immer Angst hätte,
würdest du bleiben?
Wenn ich dich bitten würde zu gehen,
würdest du mein Herz verlassen?
Wenn ich dir alles nehmen würde,
würdest du trotzdem weiter lächeln?
Wenn ich dich lieben würde wie keinen anderen,
würdest du dann der eine sein?
Wenn ich vor Angst fast sterben würde,
würdest du sie mir nehmen?
Denn Angst ist es was uns viele Dinge tun lässt.
Viele Gute,
Richtige,
Lebensrettende,
aber sicherlich auch schlechte.
Es ist die Angst,
die mich zurück hält,
die mir die Laune verdirbt,
weil sie mir falsche Dinge ins Ohr flüstert.
Es ist die Angst,
die mir den Spaß am leben nimmt,
weil sie es nicht versteht.
Es ist die Angst,
die mein Leben verdunkelt,
weil sie dich nicht zu mir lässt.
Also schaffe sie bitte aus dem Weg
und rette mich,
damit ich zu dir kann.

Ich gehöre dir

Ich schreibe ein Gedicht nach dem anderen
und doch weiß ich,
dass du es nie lesen,
nie meine Gefühle verstehen wirst.
Ich werde immer die sein,
die abgelehnt wurde.
Ich weiß nicht wie ich es tun soll.
Wie überzeuge ich dich von mir,
ohne mich noch weiter
von dir zu entfernen?
Wie mache ich dir meine Liebe klar?
Wie zeige ich, dass meine Gefühle echt sind?
Wie soll ich dich in Ruhe lassen
ohne zu zergehen?
Wir haben immer Kontakt,
doch
wie überzeuge ich dich,
dass eine Freundin
gar keine schlechte Idee wäre?
Am besten mich.
Sonst keine.
Es liegt wenigstens nicht an mir.
Es liegt an dir.
Wieso bist du nur so schwer zu knacken?
Wird es einfacher
wenn ich ich einfacher werde,
mich leichter knacken lasse?
Ich denke nicht.
Wahrscheinlich eher schwerer.
Doch trotzdem tue ich es.
Ich gehöre ganz dir.

Wie alle anderen

Wieso?
Wieso nur,
kannst du mich nicht behandeln,
wie alle anderen auch?
Wie als du noch nicht wusstest,
dass ich dich liebe.
Normal,
wie jeden anderen,
nicht anders.
Es tut mir leid,
aber dieses Gedicht
wird nicht gut enden,
denn die Geschichte dahinter
wird es auch nicht.
Das tun meine Geschichten nie,
vor allem nicht wenn sie dich enthalten.
Später werde ich dich
„Meine erste große Liebe"
nennen,
doch dass sie einseitig war
werde ich nicht erwähnen.
Wieso auch?
Das klingt doch erbärmlich.
Denn alle um mich herum
bekommen ihren ersten Freund
und ich verrotte hier,
weil ich Gefühle habe,
die nicht zu bändigen sind
und ihren eigenen Weg gehen.
Ich wünschte ich könnte mich,
einmal,
in jemanden verlieben,
der mich anerkennt

und mich auch liebt.

Du bist...

Du machst mich so glücklich,
aber du lässt mich leiden.
Du bist mein Leben
und mein Tod.
Du bist der verbotene Apfel
und die Schlange.
Du bist die Sünde selbst
und das Gewissen, das mich davon abhält.
Du bist mein Ende
und meine Auferstehung.
Du bist der Messias meiner Welt
und der Hades meiner Hölle.
Du bist jedes up and down.
Du bist meine Droge,
mein Dealer
und mein Entzug.

Los reißen

Ich löse mich von dir.
Ganz langsam,
doch es klappt.
Ich empfinde keinen Schmerz mehr,
zumindest weniger.
Jetzt lebe ich mein Leben.
Ganz normal.
Ohne dich.
Doch trotzdem
wird ein Teil meines Herzens
immer dir gehören.

Eigentlich

Eigentlich sollte ich dich hassen.
Eigentlich tue ich das auch.
Eigentlich kann ich's nicht fassen.
Eigentlich sind das keine Schmetterlinge in meinem
  Bauch.
Eigentlich kann ich noch mehr.
Eigentlich will ich nie wieder.
Eigentlich mag ich dich sehr.
Eigentlich summe ich Lieder.
Eigentlich summe ich falsch herum.
Eigentlich fängt man von vorne an.
Doch eigentlich ist 'eigentlich' ein schlechtes Wort.
Denn eigentlich heißt 'eigentlich' dass man eigentlich
  das Gegenteil denkt.

Liebeskummer

Der erste Liebeskummer
ist schrecklich.
Jeder durchlebt ihn anders.
Ich habe Eis gegessen
und Disney geschaut,
meine beste Freundin angerufen
und geheult
und dann habe ich geschwiegen,
so wie die Welt um mich herum.
Dann habe ich mein Leben gelebt
und dachte ich wäre über ihn hinweg.
Doch dann kam der Rückfall
und ich kann eich sagen;
Ich bin eindeutig
NICHT
darüber hinweg.

Genau das gleiche

Es ist genau das gleiche,
wie vorher.
Es ist genau das gleiche.
Ich konnte es noch nie ignorieren.
Es ist genau das gleiche.
So hab ich's immer getan.
Es ist genau das gleiche
und es tut weh.
Es tut weh zu wissen,
dass du mich nie lieben wirst.
Es tut weh zu wissen,
dass es niemals wahr wird.
Es tut weh zu wissen,
dass ich niemals an deiner Seite sein werde.
Es tut weh zu wissen,
dass ich niemals 'dein Mädchen' sein werde.
Du hörst mich schreien
wie ich es noch nie getan habe,
aber du lächelst und sagst alles ist okay.
Hast du mich jemals gekannt?
Hast du mich jemals gehört?
Bist du jemals,
auch nur eine Sekunde,
in mich verliebt gewesen?
Hast dich in meinen Augen verloren?
Bist in deinen Tränen geschwommen?
Oder hast dich auch nur um mich gesorgt?
Denn ich habe es getan.
Jede verdammte Sekunde.

Bilde dir was drauf ein

Hast du mich jemals lächeln gesehen?
Dann bilde dir nichts drauf ein,
denn lächeln sah mich jeder.
Hast du mich jemals lachen gesehen?
Dann bilde dir nichts drauf ein,
denn lachen sah mich jeder.
Hast mich jemals weinen gesehen?
Dann bilde dir nichts drauf ein,
denn weinen sah mich jeder.
Hast du mich jemals lächeln gesehen,
wie eine geisteskranke verrückte?
Dann bilde dir was drauf ein,
denn das tut nicht jeder.
Hast du mich jemals lachen gesehen,
wie ein sterbendes Pferd?
Dann bilde dir was drauf ein,
denn das tut nicht jeder.
Hast du mich jemals weinen gesehen,
wie ein kleines Baby?
Dann bilde dir was drauf ein,
denn das tut nicht jeder.
Warst du je der Grund für ein geisteskrankes lächeln?
Dann sei froh,
denn dieses Lächeln lässt sich nur schwer heraus locken.
Warst du je der Grund für eine Pferde Lache?
Dann sei froh,
denn dieses Lachen ist schwer heraus zu kitzeln.
Doch warst du je der Grund für ein Baby Weinen
dann verpiss dich aus meinem Leben
und komme bitte nie wieder.

Rot

Rot
ist die Farbe der Lust.
Rot
ist die Farbe des Blutes.
Ich blute vor Lust.
Ich sehne nach dir.
Ich zergehe im inneren.
Ich hasse dein Hemd.
Ich will es zerreißen.
Lass es mich tun.
Du musst dich befreien.
Du erstickst doch darin.
Ich tue es hier.
Ich ersticke.
In dem Fluss aus Lust,
der von mir zu dir fließt.

DU

Blau wie die See,
Grün wie das Gras,
Gelb wie der Sand
und Rot wie das Strand-Handtuch.
So farbenfroh ist mein Leben ohne dich.
Wünschte ich.
Die Wahrheit sieht anders aus.
Mehr blau wie dein Pullover,
Grün wie deine Augen,
Gelb wie meine Träume von dir
und Rot wie mein rauschendes Blut.
Wenn ich deinen Namen höre
zucke ich zusammen.
Wusstest du,
dass man stundenlang über dich nachdenken kann.
Vielleicht bin ich da auch die einzige.
Die einzige,
die hofft, dass du ihr dein Lächeln schenkst.
Die einzige
die deine Augen strahlen sehen will.
Die einzige,
die mit deiner Art klarkommt.
Denn es ist auch meine Art,
auch mein Humor,
auch meine Gedanken.
Wahrscheinlich bin ich auch die einzige die denkt,
dass wir perfekt für einander sind.
In 2 Jahren bist du, im besten Fall,
bereit für eine Beziehung.
Doch ich will mein Leben nicht anhalten,
nicht für dich.
Denn ich besitze meinen Verstand,
zumindest noch.

Meine Wut

Arschloch.
Feigling.
Memme.
Dreckskerl.
Hund.
Mistsack.
Mimose.
Hurensohn.
Ach, ne.
Sorry.
Ich wollte deine Mutter nicht beleidigen.
Die bereut es ja auch schon,
nicht abgetrieben zu haben.

Also ...

Ich glaube jetzt ist es soweit.
Ich bin an dem Punkt angekommen,
an dem du mir egal bist.
Also, nicht egal egal,
eher egal.
Also, schon noch wichtig,
aber auch egal.
Ich denke weniger an dich.
Also, schon noch viel,
aber weniger.
Ich vermisse dich nicht mehr.
Also, eigentlich schon noch,
aber nicht mehr so oft,
eben seltener.
Ich liebe dich nicht mehr,
zumindest weniger.
Also, glaube ich.

Erster Rückfall

Ups.
Ich glaube das nennt man Rückfall, oder?
Wenn ich Spongebozz höre,
die Lieder die mich an dich erinnern
und deine alten Nachrichten lese.
Wenn ich mich nach dir sehne,
wenn ich in Erinnerungen schwelge,
wenn ich Schwäche zeige
und stundenlang deinen Namen anstarre,
wenn ich dich vermisse,
deine Art vermisse,
deinen Humor vermisse,
deine Offenheit vermisse,
wenn jede Erinnerung schmerzt.
Du bist ein Arsch
und ich hasse dich irgendwie,
weil du weder mich
noch meine Freunde
respektierst
und trotzdem
ist da was in meinem Herzen,
was immer noch an das Gute in dir glaubt.
Ein Teil meines Herzen,
der noch für dich schlägt.
Ich weiß nicht mal wieso.

Wind

Wenn ich raus gucke
und der Wind noch weht,
dann weiß ich,
dass sich die Welt noch dreht.
Manchmal zweifle ich daran
und muss mich überzeugen,
dann bin ich beruhigt
das kann ich nicht leugnen.

Fast ein Rückfall

Bald sehe ich dich.
Dieses mal wirklich.
Ich habe Angst davor.
Was ist
wenn ich einen Rückfall kriege?
Schon wieder.
Ich kann es nicht erwarten
und will es nicht wahr werden lassen.
Nur noch 3 Tage!
Es ist unvorstellbar.
Ich bekomme einen Anfall.
Was wirst du sagen?
Was wirst du tun?

Zweiter Rückfall

Ist das dein Ernst?
Schon wieder?
Du ignorierst mich?
Auch in der Realität?
Nicht sehr reif.
Eher kindisch.
Ziemlich dämlich.
Ich verstehe das nicht.
Steh doch deinen Mann.
Memme.
Das bisschen an Überwindung.
Verhältst dich ganz normal,
dabei bist du mir so nah.
Ich versuche es auch
doch scheitere,
schaue immer zu dir rüber
und bin von mir selbst enttäuscht.
Ich hasse es,
dass du mich noch immer in der Hand hast.
Versuche es zu leugnen
doch hoffe ich immer,
dass du mit mir redest,
mir wenigsten schreibst.
Ich hoffe wohl vergeblich.
Doch selbst wenn ich denke,
dass du gar nicht so hübsch bist
macht meine Erinnerung dich schöner.
Dein Verhalten sollte dich hässlich machen
doch es klappt nicht.
Wieso nicht?
Ich denke,
ich mag dich noch zu sehr.

Dritter Rückfall

Ich sitze da
und höre nicht zu.
In meinen Gedanken
bist nur du.
Du schwebst
hier und da,
ein Lachen im Gesicht.
Du lächelst,
ich will auch lächeln.
Dabei guckst du mich nie an.
Bin enttäuscht
von deiner Reaktion.
Hätte mehr erwartet,
doch da kommt nichts.
Nichts von dir.
Weißt du von der Nachricht,
die ich bekam,
von deinem besten Freund
oder tat er es ohne dein Wissen?
Hättest doch bloß du mir geschrieben.
Das hätte mich gefreut.
Ich wäre sauer gewesen,
aber ich hätte mich gefreut.
Wahrscheinlich viel zu sehr.
Nicht schon wieder:
Ein Rückfall.

Deine Fehler

Du bist zu dünn,
deine Augen zu klein,
deine Nase zu groß,
deine Gesicht zu schmal,
du bist zu knochig,
deine Stimme 0815,
deine Mimik zu ausgeprägt,
deine Haut ist auch nicht rein.
Jetzt fällt mir nichts mehr ein.
Ich finde dich noch zu gut
dabei wollte ich deine Fehler aufzählen
doch ich mag auch deine Fehler.
Ich mag es, dass zu dünn bist.
Ich finde deine Ohren niedlich,
deine Nase schön
und deine Stimme zum zerschmelzen.
Dann ist dein Gesicht eben schmal, na und?
Ich liebe deine Mimik,
leider.

Vierter Rückfall

Komme ich je wieder
ohne dich klar?
Ohne dich zu sehen
und deine Stimme zu hören.
Dein Lachen
und deine Locken.
Ich will das mal klären,
möchte das aus mir verbannen.
Ich bin so in mich gekehrt.
Ich will EINMAL mit dir reden.
Wahrscheinlich sehe ich dich
nie wieder,
dabei würde ich so gerne.
Am liebsten nur noch.
Ihr habt Spaß im Unterricht
und ich gucke zu.
Du siehst so fröhlich aus,
so unbeschwert.
Ich wünschte, ich wäre es auch.
Dann könnte ich dich ansprechen,
hätte den Mut.
Dann wären deine Augen auf mich geheftet
und deine wunderbare Stimme
würde ihre Worte an mich richten.
Das wäre schön.
Wird wohl nur nie passieren.

Fünfter Rückfall

Ich hasse es,
dass du fröhlich bist,
obwohl ich dich vermiss'.
Ich hasse es,
dass du lachen kannst,
obwohl ich es nicht tue.
Ich hasse es,
dass du mich nicht beachtest
und ich so offensichtlich
nach dir schmachte.
Ich hasse
deine Ignoranz,
die mich bis zum Himmel quält.
Ich hasse
deine Arroganz,
die dann und wann
mir fehlt.
Ich hasse dein ganzes DU,
welches ich
noch viel zu sehr mag.
Ich hasse deine dämliche Figur,
welche so zerbrechlich ist
und dass du so zum zerbrechen bist,
dass ich daran zerbreche.

Sechster Rückfall

Langeweile ist die Qual
der neuen Generation.
Mich quält die Langeweile,
mehr als sonst.
Wenn mir langweilig ist
denke ich an dich,
schaue zu dir rüber
und schreibe ein Gedicht.
Ich stelle mir etwas vor.
Wie sich meine Hände
in deinen Haaren
oder an deinem Rücken
anfühlen würden
und was sie dort täten.
Ich stell mir vor
wie deine Hand
die meine hält,
wie sie sie umschließt
und nie wieder loslässt.
Wie du in meine Augen schaust
und mich anlächelst.
Wie du vielleicht mit meinen Haaren spielst
und wir zusammen lachen.
Wie du mich küsst
und das solang wie möglich.
Wie du mich rundum glücklich machst
und wie du mir das erste mal sagst,
du hättest dich in mich verliebt.

Die Tränen

Sie warten,
warten ab.
Auf den richtigen Moment.
In dem ich bereit bin
für sie.
Sie sind still,
verbringen ihre Zeit
dort oben.
Und ich?
Ich warte auf sie,
Erwarte sie.
Kann es nicht erwarten, dass sie kommen,
will es endlich hinter mir haben,
will sie los sein
und erstmal nicht wieder sehen.
Kann den Gedanken nicht ertragen
sie bald zu sehen.
Doch sie müssen bald kommen.
Ich muss es zulassen
und verstehen,
dass es dazugehört,
dass es wichtig ist
Schwäche zu zeigen.
Vielleicht kommen sie dann endlich,
die Tränen.

Ich brauche dich

Jetzt hätte ich dich gerne bei mir,
sehne mich in deine Umarmung,
denke an deine Stimme
die es mir erlaubt zu weinen.
Ich würde dich gerne anrufen,
weil du gesagt hast, ich darf es immer tun.
Aber ich habe keinen Grund.
Also lasse ich es.
Ich wünschte,
wir könnten das hier
gemeinsam durchstehen,
einander beistehen.
Ich bin vor Ort,
kriege alles mit
und du bist da
und schaust aus der Ferne mit,
lebst dein Leben,
brauchst dich nicht Sorgen.
Doch ich brauche dich.
An manchen Tagen mehr
und an anderen weniger.
Aber ich sage
„alles bestens"
Oder
„Mir geht es gut"
und es stimmt.
Mir geht es gut
und es ist alles bestens.
Zumindest in den Momenten
in denen ich dir das sage
Denn dann denke ich nicht an die Sachen, weswegen es
    mir nicht gut geht.

Immer und überall

Ich brauche dich.
Immer und überall.
Ich kann nicht ohne dich.
Immer und überall.
Ich vermisse dich.
Immer und überall.
Ich denke an dich.
Immer und überall.
Ich sorge mich um dich.
Immer und überall.
Ich warte auf dich.
Immer und überall.
Ich will nicht ohne dich.
Immer und überall.
Es ist wirklich schwer ohne dich.
Immer und überall.
Denn ich hab dich lieb, Lucy.
Immer und überall.

Der Norden

Ich bin ein Kind aus dem Norden,
ein nördisches Kind.
Mich tragen nicht meine Beine,
mich trägt der Wind.
Ich erkenne einen Sturm
und weiß was Ebbe ist.
Ich wohne am Hafen
und mache Spaziergänge am Strand.
Ich schätze die 14 Tage Wärme im Jahr
und wage es nicht, das Wetter hervor zu sagen.
Ich bin ein Kind aus dem Norden,
ein nördisches Kind.
Mich tragen nicht meine Beine,
mich trägt der Wind.
Ich gehe nicht Baden.
Ich gehe spazieren.
Ich sonne mich nicht in der Sonne,
sondern im stürmischen Wind.
Ich lebe nicht den Tag.
Ich lebe die Nacht.
Ich kriege kein Hitzefrei,
sondern Sturmfrei.
Mir macht Kälte nichts aus.
Ich finde Wärme abnormal.
Ich bin ein Kind aus dem Norden,
ein nördisches Kind.
Mich tragen nicht meine Beine,
mich trägt der Wind.
Doch auch der Norden hat seine guten Seiten.
Wir haben eine sternenklare Nacht
und erfrischenden Wind.
Wir haben das Meer
und sehen die ganze Welt aus dem Fenster heraus

und es ist wunderschön, wenn unsere Bäume endlich
   blühen.
Ich bin ein Kind aus dem Norden,
ein nördisches Kind.
Mich tragen nicht meine Beine,
mich trägt der Wind.
Der Wind trägt mich und nicht meine Beine.
Bin aus dem Norden stammend.
Mein Herz brennt flammend.

Flüche und Ängste

Es ist die Angst dich zu verlieren.
Sie scheint im Inneren zu regieren.
Sie bringt mich um.
Ich dreh mich um.
Bewege mich nur im Kreis.
Was soll der Scheiß?!
Sag doch was.
Ich rede wie ein Fass
und du gar nicht.
Meine Hoffnung ist ein Licht.
Schalt sie aus.
Nein tu's nicht...
Es würd mich zum Zerbrechen bringen
dann müsst ich mit mir selber ringen.
Ich bin zu dumm, um zu verstehen,
du wirst so und so gehen.
Dann geh doch.
Nein bleib noch.
Nicht lange.
Bis ich mich wieder fange.
Dann bin ich
wieder ich
und du
wieder du.
Dann bist du wieder der Arsch
und ich laufe deinen Marsch,
in die Stille hinein.
Fein.
So ist es
und so bleibt es.
Bis ich wieder realisiere
und kapiere:
du bist der Bösewicht in meinem Buch,

Wie ein Fluch.
Verschwinde aus mir.

Luca

Luca,
Lucy,
Lücchen.
Ich widme dir jetzt ein Gedicht.
Bitte, verlass mich nicht.
Am liebsten nie und nimmer,
denn ich habe keinen Schimmer,
was ich dann mit mir anfangen soll.
Das wäre echt gar nicht toll.
Ich hoffe, dass du immer glücklich bist
und nichts und niemanden vermisst.
Ich hoffe, dass du immer lachst
und dich niemand traurig macht.
Ich hoffe, dass du hin und wieder
mit mir singst, die ganzen Lieder.
Die, die uns verbinden
und die die nur die Zeit weg schinden.
Wie soll ich dieses Gedicht zu Ende bringen
ohne dabei Scheiße zu klingen?
Ich sage jetzt
und hoffe dass du es schätzt.
Ich hab dich lieb.

Freundschaft

Über ihn hinwegkommen.
Das sagt ihr so einfach.
Ist viel schwerer als gedacht.
Doch ich komme gut voran,
denke ich.
Wir sind wieder Freunde,
langsam aber sicher.
Ich hoffe es klappt.
Ich mag dich nämlich gerne
und will dich nicht verlieren,
als Freund.
Ich hätte dich gerne als Freund.
Wenn du das eine nicht willst
muss ich das zweite nehmen;
Freundschaft.
Das könnte doch klappen.
Ich bete dafür.
Das wird schon.
Immer positiv.
Ich will dich nicht missen,
bloß nicht
und das werde ich nicht.
Guck gut zu,
Pass auf.
Ich werde kämpfen.

Telefonieren

Kalt
und distanziert.
Das sind deine Nachrichten.
Das sagen alle.
Ich würde gerne mal
mit dir
telefonieren.
Um ein Gespräch zu führen,
weil wir das noch nie gemacht haben.
Das wäre irgendwie besonders
und doch so normal.
Doch ich habe Angst.
Angst davor dich anzurufen.
Was, wenn ich kein Wort raus bekomme?
Oder du total genervt bist?
Oder du gar nicht redest?
Oder du überhaupt nicht rangehst?
Das geht nicht.
Also versuche ich es gar nicht erst.
Oder soll ich es mal versuchen?
Nein!
Doch...
Nur ein mal?
Vielleicht klappt es ja doch...
Arghh, Ich habe Angst.
Ich sterbe...

Ehe für alle

Die Welt.
Wir lieben sie.
Wir hassen sie.
Wir kennen sie.
Wir wissen wie sie ist.
Wir kennen unsere Gemeinschaft.
Und doch sind wir alle verloren,
weil wir Fortschritte machen und uns,
im gleichem Atemzug,
zurück bewegen.
Jetzt haben wir einen Schritt nach vorne gemacht,
es gibt die Ehe für alle.
Ich weiß gar nicht wie oft
ich mit meiner Mutter über Rechte von homosexuellen
diskutiert habe.
Und dann ist sie erlaubt.
Endlich.
Und ich habe seit langem mal wieder das Gefühl,
dass wir gar keine so schlechte Gesellschaft sind,
Und dann gehe ich ins Internet und lese Sätze wie
„Ich bin ja nicht Homophob, aber…"
„Die dürfen keine Kinder adoptieren. Das kann man
  keinem zumuten."
oder
„Die können ruhig machen was sie wollen. Ich will es
  nur nicht sehen."
Ich meine,
merken diese Leute überhaupt, was sie sagen?
Kriegen die mit, wie widersprüchlich das ist?
Und ich kann nicht mal gegen argumentieren,
weil man das so jemandem nicht einfach so erklären
  kann.
Dafür müsste ich vor ihnen stehen.

Das ist doch Kinderkram.
Bei so etwas werde ich wirklich wütend.
Wenn man einen Nebensatz mit 'aber' beginnt
bedeutet das sowieso, dass man im Grunde lügt.
Es ist eindeutig.
Diese Welt braucht dringend Aufklärung

Eifersucht

Ich bin eifersüchtig
auf meine beste Freundin,
weil sie ihn jeden Tag sieht
und er sie manchmal umarmt,
weil er mit ihr redet
und mir nicht mal in die Augen schaut.
Ich misstraue sogar meiner Freundin.
Was ist wenn sie ihn auch mag?
Dabei findet sie ihn unattraktiv
und hält ihn für einen Arsch.
Und trotzdem,
was ist, wenn er sich in sie verliebt?
Nicht unwahrscheinlich.
Sie ist hübsch
und intelligent.
Sie hat Humor
und ist sowieso die beste.
Ich würd's ihm nicht verübeln.
Trotzdem will ich nicht so fühlen
und mir ständig den Kopf zerbrechen.
Was ist wenn...?
Könnte es sein, dass...?
Wenn er...?
Will er vielleicht...?
Kann ich...?
Will ich...?
Ich bin am Ende.
Will nur noch, dass es aufhört.
Möchte dich endgültig los werden.
Wie einen lästigen Klotz am Bein.
Doch während ich das denke,
wünschte ich mir, dass du mir schreiben würdest.
Ich habe mir schon,

bestimmt 1 Millionen,
Szenarien ausgedacht, in denen du vorkamst.
Fast alle waren positiv.
Natürlich hat sich keins davon bewahrheitet.
Das was passierte war immer negativ
und deswegen muss ich dich jetzt los werden.
Punkt und Ende.

Wahre Freunde

Hast du dich jemals gefühlt wie ein sterbendes Kind?
Fliegend im Wind?
Ohne Geld und ohne Scheine,
Vollkommen alleine.
Hast du dich jemals gefühlt wie alleine gelassen,
komplett verlassen?
Ganz auf dich gestellt?
Keiner, der mit dir fällt?
Ich falle hinab,
direkt in mein Grab.
Mein Abgrund ist hier
und wo bleibt ihr?
Ihr solltet meine Retter sein
und zumindest mit mir weinen.
Und wenn das Ende naht
und jeder dich nur anstarrt
kannst du dir sicher sein
du warst schon vorher allein.
Wahre Freunde bleiben immer.
Mit ihnen werden die schlimmen Zeiten schlimmer
und die guten noch besser.
Sie sind echte Sorgenfresser.
Du solltest sie dir bewahren.
Wahre Freunde existieren nicht in Scharen.

An alle Jungs die ich einst mochte

Hast du mich mal richtig bemerkt?
Warst du jemals an mir interessiert?
Fandest du mich mal hübsch?
Oder süß?
Vielleicht sogar sexy?
Als ich dich mochte hast du das bemerkt?
Hast du mich schon mal heimlich beobachtet?
Oder gar angestarrt?
Hast du von mir geschwärmt?
Und deine Freunde damit genervt?
Hast du potenzielle Konkurrenten eifersüchtig beobachtet?
Mit deinen Blicken erdolcht?
Hast du dir verschiedene Szenarien ausgedacht?
Und fandest alles an mir perfekt?
Konntest du stundenlang nur an mich denken?
Und über mich reden?
Hast du meine Eigenschaften übernommen?
Weil du mir näher sein wolltest?
Hast du all deine Erfolge an mich gerichtet?
Und jede Niederlage mit dem Gedanken an mich überstanden?
Hast du all deine Gedanken mir geschenkt?
Und jede Hoffnung in mich gesetzt?
Dir gewünscht ich wäre dein?
Und dich doch keinen Schritt getraut?
Weil ich ja Ablehnung zeigen könnte?
Hast du mal in deiner Freizeit an mich gedacht?
Dich mir vorgestellt?
Auf jegliche Weise?
Wie ich es getan habe?
So eine lange Zeit
Und jetzt ist es zu spät.

Ich habe viel Zeit in dich gesteckt
und dich doch irgendwann aufgegeben
und hinter mir gelassen.
Trotzdem wird sich mein Herz immer an dich erinnern.

Einen Sommer lang

Das Wetter warm,
die Leute froh.
Alles laut.
Alle tanzen,
alles spielt verrückt.
Sommer.
Urlaub.
Strand und Meer.
6 Wochen, Beziehung.
Zusammen erlebtes,
immer in meinem Herzen.
Unvergesslich.
Liebe auf den ersten Blick
und doch schnell hinter sich zu lassen.
Nicht funktional.
Verrückt,
wahnsinnig,
einmalig,
verwegen,
waghalsig,
ungehemmt.
Affäre.
Zeit unseres Lebens.
Nie wieder gesehen.
Vorbei

Einmal Kind sein

Ich will einmal Kind sein,
einmal wieder Kind sein
und weinen dürfen.
Ich will einmal Kind sein,
einmal wieder Kind sein
und schreien dürfen.
Ich will einmal Kind sein,
einmal wieder Kind sein
und Ich sein dürfen.
Ich will einmal Kind sein,
einmal wieder Kind sein
und frei sein dürfen.
Ich will einmal Kind sein,
einmal wieder Kind sein
und mit meinen Stofftieren reden.
Ich will einmal Kind sein,
einmal wieder Kind sein
und das Leben genießen.
Ich will einmal Kind sein,
einmal wieder Kind sein
und das am liebsten für immer.

Die Gesellschaft

Ein
und Aus.
Ein
und Aus.
Immer weiter.
Bloß nicht aufhören
mit dem atmen.
Nicht die Nerven verlieren.
Immer nett bleiben.
Nicht die Beherrschung verlieren.
Nicht aufmüpfig werden.
Ein gutes Bild abgeben.
Die Familie vertreten.
Die Hobbys verdrängen.
Gefühle verbergen.
Mich verstecken.
Obwohl ich gar nicht weiß warum.
Wieso soll ich mich benehmen
und verstellen?
Mich verändern
für die Gesellschaft?
Aufhören Ich zu sein,
weil es unmöglich ist?
Weil ich unmöglich bin?
Wisst ihr was?
Mir macht es Spaß unmöglich zu sein.
Ich liebe es ich zu sein
und mir ist egal was ihr davon haltet.

Zu perfekt um wahr zu sein

Ich sah dich,
du spieltest Geige.
Mitten in der Innenstadt
und ich fand du sahst sympathisch aus.
Ich bewunderte deinen Mut.
Dich einfach hinzustellen
und zu spielen.
Also wollte ich auch Mut beweisen
und warf einen Zettel
zu dem Geld
in deinen Geigenkoffer.
Ein Zettel mit Komplimenten
und meiner Handynummer.
Dann wartete ich ab.
Hatte am Abend die Hoffnung,
auf eine Nachricht,
schon verworfen.
Vielleicht war der Zettel ja aus deinem Koffer geflogen
Oder du warst vergeben.
Wer weiß das schon?
Doch dann kam die Nachricht
und mein erster Eindruck war wahr.
Du warst sympathisch.
Ich lernte dich ein wenig besser kennen
und fand dich echt toll.
Es war zu perfekt um wahr zu sein,
aus einem Liebesroman entsprungen
direkt in mein Herz.
Doch jede Geschichte,
jeder Junge
hat einen Haken.
Und dein Haken ist,
dass du fast 4 Stunden entfernt

von mir wohnst
und hier nur deine Großeltern besuchst.
Es war einfach zu schön um wahr zu sein.
Und trotzdem werde ich dich nicht aufgeben

Sei mein

Angesprochen?
Wie im Buch.
Kennen gelernt?
Wie im Buch.
Gemeinsame Interessen?
Wie im Buch.
Die Distanz?
Wie im Buch.
So schnell verliebt?
Wie im Buch.
Storyline?
Wie im Buch.
Der Titel?
Der Geigenspieler in meiner Stadt.
Das Ende?
Hoffentlich ein Happy End.
Soweit sind wir noch nicht.
Ich hoffe,
dass du mich magst.
So magst wie ich dich mag.
Du hast mir geholfen.
Ich denke nicht mehr an ihn
und sein Foto ist im Müll.
Doch was ist
wenn ich
dank dir
über ihn hinweg komme,
aber dann nicht über dich.
Ich geb' mir Mühe.
Bitte, sei mein.

Mag mich

Ich mag dich.
Echt gerne.
Magst du mich auch?
Bitte, sag ja.
Mag mich auf die Art
auf die ich auch dich mag.
Mag mich.
Sag mir,
wie sehr du mich magst.
Am besten jeden Tag.
Dann sage ich dir auch
wie sehr ich dich mag.
Mag mich.
Mag meine guten
und schlechten Eigenschaften.
So wie ich es bei dir tue.
Mag mich, weil ich ich bin.
Denn ich mag dich, weil du du bist.
Mag mich.
Verbringe ganz viel Zeit mit mir, weil du mich magst.
Ich möchte
ganz viel Zeit mit dir verbringen,
denn ich mag dich.
Mag mich.
Und jetzt ersetze jedes 'mag' in diesem Gedicht
durch ein 'liebe'
und du hast die Wahrheit.

Lasst mich

Ich bin noch nicht alt genug
um zu wissen was ich will.
Sagen sie.
Doch wieso?
Gibt es ein Mindestalter für Entscheidungen?
Ich hab noch nicht davon gehört.
Leute treffen Entscheidungen
und machen Fehler.
Fehler sind menschlich.
Fehler sind da um daraus zu lernen.
Jeder macht Fehler.
Lasst mich doch in Ruhe.
Lasst mich mein Leben leben
und Fehler begehen.
So gehört sich das
und so will ich das.
Wenn ich Fehler begehe
dann dürft ihr
„Ich hab's dir doch gleich gesagt"
sagen,
aber vorher nicht.
Lasst mich die Dinge tun
bevor ihr sie verurteilt

Großstädte

Großstädte sind groß.
Das ist gar selbstverständlich.
Die vielen Leute,
'ne riesen Meute.
Alles ist bunt,
alle sind laut.
Abgase von Autos und Bussen
liegen in der Luft
und erzeugen diesen einzigartigen Duft.
So viele Läden
mit so vielen Klamotten.
So viele Leute
mit so vielen Taschen.
Wo man hinsieht
sind Personen aller Art.
Ich bin da gerne,
verbringe meine Zeit mit denen, die ich liebe.
Doch ich weiß gar immer
Im Herzen liegt mein Heim.
Dorthin werde ich immer zurück finden

Wollen und gewollt werden

Kannst du mir nicht endlich sagen was du fühlst?
Mich fragen
und hinterfragen, erfragen
was ich fühle.
Ich erleuchte und zergehe,
verschwinde und beginne
zu glauben, dass du denkst,
dass wir nur Freunde seien,
weil es von Anfang an nur Freundschaft war.
Es war viel mehr als das.
Von Anfang an
war es mehr als ich dachte, dass es sei.
Du warst der richtige.
Der richtige. Nicht der perfekte.
Und das war es was dich so perfekt machte.
So nicht perfekt zu sein.
Und ich wusste,
Ich wusste und ich weiß,
dass du der sein wirst der bleibt.
Denn der, der bleibt, bleibt, weil ich will, dass er bleibt.
Aber was ist wenn wir verschiedenes wollen?
Wenn du viel weniger willst als ich will.
Wenn ich etwas will, das du mir nicht geben kannst.
Aber wenn du mir nicht geben kannst was ich will
und ich nicht sein kann was du willst
was nützt es dann noch zu wollen?
Wollen und sagen was man will sind eh verschiedene
    Sachen.
Ich habe jetzt gesagt was ich will anstatt es nur zu wollen
und hoffe, dass du mich verstehst.

Alle gleich

Es sind doch alle Jungs gleich,
obwohl sie immer das Gegenteil behaupten.
Enttäuscht wurde ich doch immer.
Also, sind sie alle gleich.
Vielleicht nicht im Wesen,
aber im Geschmack.
Denn ich bin ja anscheinend
für sie alle hässlich.
Nicht ansprechend,
nicht attraktiv genug,
eine gute Freundin.
Ich bin das gerne, wirklich.
Ich liebe es,
dass du mit anderen Mädchen ausgehst.
Es ist voll in Ordnung,
dass du mich abgewiesen hast.
Na, klar.
Seid ihr wirklich dumm genug
um mir das zu glauben.
Das ist doch Schwachsinn.
Natürlich will ich dich für mich.
Natürlich will auch ich mal geliebt werden.
So wie jeder andere.
Aber wer weiß...
Vielleicht ist es mein Schicksal
als Jungfrau zu sterben.
Das kann schon sein.
Mich will ja keiner.
Dann kann ich auch mein Lebtag alleine verbringen.

Wieder du

Ich denke an dich.
Nicht,
weil ich einen Rückfall habe
oder dich noch mag.
Ich vermisse dich einfach
als guten Freund.
Vielleicht sollte ich es wagen
und mich bei dir melden.
Wahrscheinlich würdest du
mich wieder verstoßen.
Oder was ist
wenn ich dich doch noch mag?
Obwohl ich es nicht mehr tue.
Denn ich hab jetzt IHN.
Und er ist der, den ich gebraucht habe.
Also wieso können wir
nicht wieder Freunde sein?
Oh, ich bitte dich.
Denn jetzt bin ich ich
und krieche nicht vor dir im Dreck.
Ich habe meinen Stolz zurück
und trage ihn wie eine Krone.
Ich bin bereit dafür dich zu hören.

Moor

Liebe kann so schön sein.
Liebe kann weh tun.
Liebe kann dich einfrieren lassen.
An Liebe kannst du dir die Finger verbrennen.
Liebe kann dich aufblühen lassen.
Liebe kann dich strahlen lassen.
Strahlen wie die Sonne
oder strahlen wie ein Atomkraftwerk.
Liebe ist ein Moor.
Du versinkst darin.
Je länger du verliebt warst,
desto schwerer kommst du wieder raus.
Es gibt Hindernisse
und es gibt Lichtblicke.
Liebe ist ein Moor
und bei dir war ich ganz tief versunken.
Bei ihm war ich nur bis zu den Knien drin.
Ich konnte leicht wieder raus
und ihn aus einem andern Blickwinkel betrachten.
Er hat mich aus deinem Moor gezogen
und in seines gestoßen.
Doch ich wollte auch da wieder raus
und stehe jetzt an Land.
Ich sehe ein Moor nach dem andern,
aber ich tänzle um sie herum.
So schnell falle ich nicht wieder in eins rein.
Ich bin jetzt frei.

Mein Teufel

Ich fühle mich taub,
dem Boden nah,
zerstört,
am Ende meiner selbst.
Ich bin schlapp,
versuche es zu kaschieren,
versuche nicht zu weinen,
versuche fröhlich zu bleiben.
Doch werde ich beobachtet,
von allen Seiten.
Ich bin ein Niemand.
Ich fühle mich nicht gut.
Ich fühle mich nicht ganz.
Ich bin nicht ich.
Ich zerstöre mich.
Wenn ich hier so bin
und nicht mehr kann,
dann wünschte ich
ich wäre weniger wie ich
und könnte meine Meinung sagen
ohne dabei zu zerbrechen.
Ich hasse mich
dafür, dass ich mich immer
für die Engel Variante entscheide
dafür, dass ich nie der Teufel bin,
der ich sein möchte.
Ich will schreien.
Ich will fluchen.
Ich will schlagen.
Ich will verletzen
ohne verletzt zu werden.
Ich will die sein, die ich sein will.
Ich will, dass mein Teufel aus mir ausbricht.

Ich bin verliebt in dich

Ich bin verliebt in dich.
Verliebt in den Jungen,
der neben mir in der Kunstausstellung steht
und das Bild anstarrt.
Der dauernd auf die Uhr guckt
nur weil er wissen will
wie lange es noch dauern mag.
Der Junge,
der sich eigentlich nicht für Kunst interessiert
zumindest nicht für Theorie.
Der, der seine Arme verschränkt
und in seinen Taschen kramt,
sein Handy raus holt
und Nachrichten beantwortet
nur damit er nicht zuzuhören braucht.
So siehst du zumindest aus.

Ich bin verliebt in dich.
Verliebt in den Jungen,
der mir hinter dem Tresen meine Cola gibt.
Der mich nett anlächelt,
weil es sein Job ist.
Der auch um 2 Uhr nachts
noch wach ist
und sich mit Problemen von anderen abgibt.
Der, der am Tag fleißig studiert
und nur in der Nacht hier arbeitet.
So siehst du zumindest aus.

Ich bin verliebt in dich.
Verliebt in den Jungen,
der mich auf das T-Shirt
meiner Lieblingsserie anspricht.

Der immer so nett lacht
und genau meinen Humor erfasst.
Der mich mit seinem Wissen beeindruckt
und nur Einsen schreibt.
Der, der nach jemandem genau wie mir sucht.
Der sich Stück für Stück
in mich verliebt
und in Wahrheit auch schüchtern ist.
So siehst du zumindest aus.
Ich bin verliebt.
Nicht nur einmal.
Nein, mehrmals.
Je öfter desto besser.
Denn verliebt sein ist schön.

Ich sehne

Ich bin verwirrt,
ehrlich erschüttert.
Ich weiß nicht was ich will
und wo ich hin soll.
Ich freue mich
und bin nervös.
Ich weiß nicht was ich sagen kann
damit meine Worte Sinn ergeben.
Ich weiß nur,
dass deine Worte keinen Sinn ergeben.
Sie geben mir nicht wonach ich sehne.
Sie geben und geben.
Und nehmen doch das was ich sehne.
Weil du es mir nicht geben willst,
muss ich ganz ohne leben.

Mein Herz

Mein Herz schlägt.
60 mal in der Minute.
In der Minute 60 mal schlägt mein Herz.
Und zwar nur für mich.
Und obwohl mein Herz nur für mich schlägt,
vermisse ich wie es für einen anderen schlägt
und mich erschlägt,
weil es zu schnell schlägt.
Ich vermisse, das es für wen anders schlägt
und dass ein anderes für mich schlägt.
Dass es verletzt wird und verletzt.
Ich vermisse den Herzschmerz
und das laute pochen.
Ich vermisse es Liebe zu spüren
und sie zu versprühen.
Ich vermisse es als etwas besonderes gesehen zu werden
und dieses Gefühl zurück zu geben.
Ich vermisse euch
und die Art wie ich euch mochte.
Die Art wie mein Herz für euch schlug.
Ich vermisse es,
dass ich dachte ihr empfindet genauso.
Und tief in mir weiß ich,
dass es falsch ist etwas zu vermissen was mir weh tat.
Und trotzdem will ich es zurück.
Ich will einen Herzschmerz näher an meiner großen
    Liebe sein.

Benehmen

Benehmen?
Was ist das?
I bims.
Deutsch?
Grammatik?
Wofür?
Ähh,
die hat mich verbessert.
Ich bin die einzigste,
die schön ist hier.
Ich bin am öftesten feiern.
Du brauchst nicht kommen.
Wer brauchen ohne 'zu' gebraucht,
braucht brauchen nicht zu brauchen.
Im Theater?
Das Handy an!
Die ganze Welt muss wissen wo ich bin.
Da kann ich auch mal
mein Benehmen vergessen.
Das fällt mir leicht.
Ich hab ja keins.
Und saufen
und rauchen
und sich das Hirn wegballern,
obwohl man doch sowieso
so wenig davon hat.
Und am besten nur das Abi machen
zum studieren.
Sich nur durch schummeln,
weil man ständig spickt.
Und am Ende dann doch merken,
dass du nicht nur zu dumm für die Schule
sondern auch für die Uni bist.

Ein Jahr

Ein Jahr.
Eine Ewigkeit,
voller Gefühle.
Jetzt ist der richtige Zeitpunkt
um Lebewohl zu sagen.
Um sich nie wieder zu hören
und keinen Gedanken mehr
an dich zu verschwenden.
Ein Jahr.
365 Tage.
Nie wieder,
werde ich dich vermissen
und dich in Gedanken schön reden.
Nie wieder,
werde ich an dich denken
und deine Worte neu interpretieren.
Nie wieder,
werde ich lächeln mit dem Gedanken an dich.
Nie wieder,
werden meine Tränen dir gelten.
Nie wieder,
wirst du meine Träume beherrschen.
Denn jetzt kommt die Zeit,
die ich tatsächlich vermisst habe.
Die Zeit in der ich dich nicht kenne
und mir dein Name nur entfernt bekannt vorkommt.

Genommen

Ist das jetzt eine Art Rückfall
oder nur die Erinnerung an dich,
die mich schwächt,
mich auffrisst
von innen
wie ein hungriges Tier?
So eins wie du es immer warst,
Ohne Herz,
nur darauf bedacht zu verletzen.
Ist das jetzt eine Art Rückfall
oder nur die Erinnerung an dich,
die mich zerstört,
mir den Willen nimmt zu lieben,
weil du nie geliebt hast
und ich von dir auf andere schließe?
Wenn du mich so sehen könntest
würdest du lachen,
weil du immer lachst,
andere auslachst,
lachst als wäre jeder Tag
ein guter Tag für dich,
weil er es nicht für andere ist.
Ich habe auch immer gelacht,
weil ich versucht habe es positiv zu sehen.
Doch seit dir lache ich weniger,
du hast nicht nur ein Teil meines Herzen
sondern auch meines Lachens
mit dir genommen.

Hey, du!

Ich will dir was erzählen.
Es schreien,
ganz laut.
Alle sollen es wissen,
was du nicht mehr zu wissen brauchst.
Ich mag dich...
Und du magst mich auch...
Die Sterne stehen gut
und die Straße hat uns einen Weg gebaut,
den wir zusammen gehen,
hoffentlich noch lange Zeit.
Denn ich mag dich echt gerne
und ich bin dazu bereit,
mein Leben zu teilen,
meine Liebe zu geben,
mein Herz zu verschenken,
An dich..
Denn du machst mich verrückt,
nervös
und so glücklich,
dass nichts mehr geht.
Hey, du!
Hier hast du mein Herz.
Bitte pass gut drauf auf.

Ich bin so verliebt in dich

Ich bin so verliebt.
So verliebt, ich kann's nicht glauben.
Ich bin so verliebt in dich.
So verliebt, es tanzen die Tauben.
Ich bin so verliebt in dich.
So verliebt,alles fällt mir leicht.
Ich bin so verliebt in dich.
So verliebt, es ist als ob dein Lächeln reicht.
Ich bin so verliebt in dich.
So verliebt,mein ganzer Körper schwebt.
Ich bin so verliebt in dich.
So verliebt, mein Herz, es schwebt.
Ich schwebe.
Weit oben.
Wolke Sieben im Himmel wartet auf mich.
Komm zu mir.
Wir besetzen sie.
Für morgen auf jeden Fall.
Und wenn du Zeit hast auch noch ein bisschen länger.

Unser erstes mal

Alles bebt
und alles zittert.
Meine Wangen sind gerötet,
mein Atem geht flach und schnell.
Von den Fingerspitzen
bis in die Zehen,
alles fühlt sich so gut an,
fühlt sich so schön an,
fühlt sich wie du an.
Ich liebe dieses Gefühl,
weil ich dich liebe.
Und ich liebe es,
dass alles so leicht ist mit dir.
Jede Sekunde ohne dich,
fühlt sich an wie vergeudete Zeit.
Und jede Sekunde mit dir
wie eine goldene Zeit.
Ich liebe diese Minute gerade
und auch die folgenden.
Es hat sich so wunderbar angefühlt,
mit dir.
Nur mit dir ist meine Zeit so wertvoll genutzt.

Vermissen...

Ich vermisse dich so.
Vermissen...
Kann man das überhaupt schon sagen?
Nach gerade einmal 6 Stunden ohne dich.
Wenn noch 120 folgen.
120!
Vermissen...
Das ist ein erdrückendes Gefühl.
Es erdrückt mich zu wissen,
dass du mich jetzt 120 Stunden lang
nicht mit deinem Gewicht erdrücken wirst.
Vermissen...
Das ist ein betäubendes Gefühl.
Es betäubt mich zu wissen,
dass kein 'Ich liebe dich' über deine Lippen
direkt in meinen Mund fließt und mich betäuben wird.
Und das für die nächsten 120 Stunden nicht.
Vermissen...
Das ist ein hölzernes Gefühl.
Hölzern, weil sich alles surreal anfühlt
wenn ich 120 Stunden lang
nicht in deine Augen schauen kann.
Vermissen...
Das ist ein schreckliches Gefühl.
Es ist schrecklich
120 Stunden lang
nicht deinen Schweiß zu riechen,
deinen Atem zu fühlen
und dein Herz zu hören.
Vermissen...
Das ist ein Gefühl.
Leider Gottes, ein reales Gefühl.
Ein Gefühl, welches ich nie wieder spüren möchte,

obwohl ich weiß,
dass ich mit dir andauernd vermissen werde.

Eingefroren

Ich habe Angst mich zu verlieben.
Ich habe Angst ohne dich zu sein.
Ich habe Angst an deiner Seite zu bleiben.
Ich habe Angst ein Teil deines Lebens zu sein.
Lass mich meine Situation erklären.
Ich kann nicht mal in deine Augen schauen,
weil ich Angst habe mich selbst zu vergessen.
Genau jetzt sehe ich sie an.
Ich sehe dich im Hintergrund lächeln
und ich bin wie eingefroren.
Ich kann gar nichts tun.
Rein gar nichts.
Ich bin wie eingefroren.
Ich kann gar nichts tun.
Nur still stehen
und gar nichts tun.
Hey, du da.
Ich habe schon wieder den Verstand verloren.
Du tust gar nichts
und ich bin verloren.
Du liegst in meinen Armen
und alles ist gut.
Du hast mein Herz gestohlen.
Das wusste ich von Anfang an.
Du beißt in deine Lippe
und da ist gar nichts mehr.
Ich höre deine Stimme
und ich bin wie eingefroren.
Ich kann gar nichts tun.
Rein gar nichts.
Ich bin wie eingefroren.
Ich kann gar nichts tun.
Nur still stehen

und gar nichts tun.
Hey, du da.
Ich habe schon wieder den Verstand verloren.

Wieso

Wieso fühlen sich deine Finger auf meiner Haut so berauschend an?
Wieso sind deine Lippen so unglaublich weich und deine Hände so wunderbar rau?
Wieso ist jeder Blick von dir eine Welle der Liebe in mir?
Warum bekomme ich nicht genug davon?
Jeder Moment in dem dein Finger meine Haut berührt ist ein Moment, der die Zeit anhält und mich flach atmen lässt. Deine Finger sind warm und wenn sie mich berühren umschließen sie mein Herz.
Wieso fühlen sich deine Finger auf meiner Haut so berauschend an?
Wenn deine Lippen mich küssen ist es wie der Himmel auf Erden nur irgendwie besser, schöner, mit mehr du.

Wenn deine Hand die meine umfasst, fühle ich mich sicherer als bei der Polizei, beschützt, weil du es bist der meine Hände hält bis ich unter gehe.
Wieso sind deine Lippen so unglaublich weich und deine Hände so wunderbar rau?
Wenn ich dich ansehe verliebe ich mich in dich, jedes mal von neuem und wenn du mich ansiehst wächst diese Liebe jedes mal ein Stückchen mehr.
Wieso ist jeder Blick von dir eine Welle der Liebe in mir?
Deshalb bekomme ich nicht genug von dir.

Zwei Monate

2 Monate.
59 Tage.
Das ist die perfekte Lage.
Mit dir gelebt,
für dich gestrebt.
An deiner Seite geliebt.
In deinen Armen gefiebt.
Dass ich dich liebe muss ich dir nicht sagen.
Das weißt du doch auch ohne zu fragen.
Wenn ich in deine Augen schau,
weiß ich, ich bin deine Frau.
Dein Lachen bringt mich um den Verstand,
doch du zieht mich wieder an Land.
Ich liebe alles an dir,
vielleicht abgesehen vom Bier.
Ich weiß, ich träume mein Leben,
doch du kannst mir diese Träume geben.
Mein Leben wird zum Traum
Und du nimmst ein den größten Raum.

Kaputt

DU!
Du benimmst dich wie ein kleines Kind,
das seinen Lolli nicht bekommen hat.
Und der Lolli, der bin ich.
Du schreist
und dann lachst du.
Du weinst
und dann schreist du wieder.
Du bist so kaputt.
Und diese Familie ist kaputt.
Alle gehen kaputt daran,
zu versuchen noch etwas zu retten.
Du bist gemein.
Es ist so DUMM von dir.
Sich nur wörtlich zu wehren.
Nicht mal zu wehren,
nur hinterm Rücken
Probleme zu äußern,
die es gar nicht gibt.
Nur weil du
so gern das Opfer wärst,
obwohl du doch ein Täter bist.
Und diese Familie macht mich fertig.
Bissige Kommentare.
Von jeder Seite,
weil ich mich mit Leuten unterhalte,
die mit mir verwandt sind.
Und mit euch übrigens auch.
Wieso gibt es Hass
an einem Ort,
der eine Wohlfühlstätte sein sollte?
Hass statt Liebe,
weil ihr alle keine Liebe mehr verspürt.

Mein Name ist nicht Julia

Romeo und Julia.
Eine Liebesgeschichte wie im Traum,
habe ich gedacht.
Doch die beiden waren 14 und 18,
und bereits nach 3 Tagen tot.
Mein Name ist nicht Julia,
das weiß ich.
Du bist nicht mein Romeo,
darauf pfeif' ich.
Aber wenn es doch so einfach ist.
Die beiden haben es doch auch geschafft.
Liebe auf den ersten Blick,
den ersten Kuss,
die erste Berührung.
Mein Name ist nicht Julia,
das weiß ich.
Du bist nicht mein Romeo,
darauf pfeif' ich.
Die beiden waren doch dumm,
einander zu verlieren.
Denn wär' ich in Italien
und du auch neben mir,
würd' ich drauf aufpassen
und dich nicht aus den Augen lassen.
Aber...
Mein Name ist nicht Julia,
das weiß ich.
Du bist nicht mein Romeo,
darauf pfeif' ich.
Denn ich bin ich
und du bist du.
Das reicht ja auch vollkommen.
Denn es muss nicht alles perfekt sein,

solange alles echt ist.
Denn wenn es echt ist,
ist es perfekt für mich.

Du oder Er

Ich denke, dass du mich liebst
und mir meine Stärke gibst,
dass du mein Mutmacher bist
und alle meine Sorgen frisst.
Ich weiß, du bist mir treu
und dass du dich für mich freust.
Du bringst zurück mein' Lebensgeist.
Er war dort in der Dunkelheit.
Doch du siehst mich nicht.
Du siehst nur das Licht.
Ja, du siehst mich nicht.
Der Nebel ist zu dicht.
Du bist für mich geschaffen,
doch mein Herz will das nicht raffen.
Mein Herz schlägt noch in Wogen,
doch er hat sich längst verzogen.
Er war überfordert mit mir
und brachte mich zu dir.
Du nahmst mich bei dir auf
und ich nahm dich in Kauf.
Doch du siehst mich nicht.
Du siehst nur das Licht.
Ja, du siehst mich nicht.
Der Nebel ist zu dicht.

Irgendwo da draußen

Ein Strauß voll Blumen, die ich hasse.
Ein Date voll Dinge, die ich verachte.
Ein harter Kuss, auf meine Zarten Lippen.
Und dann geht es wieder um dich.
Weißt du überhaupt was ich mir wünsche?
Was meine Lieblingsblumen sind?
Zu welchem Lied ich gerne tanze?
Und welchen Ort ich richtig liebe?
Ich will doch nur einen Jungen, der mir Liebeslieder
    schreibt.
Und mich mit jedem Wort versucht glücklicher zu ma-
    chen.
Jemand der sich für mich interessiert
und meine Worte ernst zu nehmen weiß.
Jemand, dem meine Vergangenheit egal ist,
weil er meine Zukunft sein will.
Jemand, der mir nicht von seinem guten Tag erzählt,
wenn ich einen schlechten hatte.
Sondern mich in den Arm nimmt und mir einen Tee
    kocht.
Ich weiß, dass er da draußen ist
und jetzt wünsche ich ihn zu mir.
Vielleicht ist es ja zu früh?
Ich weiß, er wird mich finden,
wenn ich nur auf ihn warte und geduldig bin.

Meine Sinne

Meine Tränen tun mir gut.
Meine Erinnerungen tun weh.
Es ist so schön den Schmerz zu spüren,
den ich so lange versteckt hielt.
Ich brech' aus mir heraus.
Verlass' die Hülle und das Haus,
der Trauer, die mich aufisst,
weil du ein Gefängnis bist.
Also, schnapp' ich mir 'ne Feile,
durchbreche die Stäbe mit meinem Schweigen.
Lass' dich allein zurück,
in deinem heiligen Haus,
denn ich breche aus dir aus.
Alles was mich fest hielt,
vergesse ich.
Alles was mich zurück ruft,
überhöre ich.
Alle meine Sinne sind nach vorne gerichtet,
konzentrieren sich auf die freie Welt.
Nur der letzte Blick zurück gilt dir
und meine letzte Erinnerung bist du.

Ist es okay?

Ist es okay sich zu verlieben?
Ich meine, auf den ersten Blick.
Ohne dich zu kennen.
Mit dem Wissen, dass du mich nicht siehst.
Ich baue mir im Traum eine Welt auf die dich enthält.
Und ich verliebe mich immer mehr in dich,
weil ich dein Traum-Ich mag.
Ich verliebe mich in die Version von uns die es gäben
    könnte.
Und ich vergesse dabei, dass sie nicht real ist.
Es wäre so schön wenn du mich bemerkst
Und mir deine Aufmerksamkeit schenkst.
Ich glaube wirklich, dass mein Traum wahr werden könn-
    te
Zumindest wenn du ihn auch träumen könntest.
Ich wünschte du würdest die gleiche Hoffnung in mich
    setzen, wie ich in dich.
Ich weiß, dass es gut werden würde.
Ich fühle, dass wir gut für einander sind.
Doch du willst nicht und das ist okay.
Bis du es auch siehst werde ich dich aus meinen Gedan-
    ken sperren, es wenigstens versuchen.
Es muss klappen.
Damit ich die Wahrheit träume

Es ist falsch

Wie kann etwas, das so falsch ist
sich so gut anfühlen?
Wer sagt mir, dass du der Gute bist?
Warum will ich dich
und alles was du hast?
Es ist falsch.
Das ist ganz sicher.
Niemand darf es wissen,
wir müssen schweigen.
Doch mein Körper will nicht nicht schweigen.
Er will schreien,
heraus brüllen, dass er dich will.
Ganz will, alles will.
Jeder Zentimeter deiner Haut,
jedes noch so kleine Grübchen
soll mir gehören.
Ich weiß, dass es dumm ist
zu glauben, das ist okay.
Was wir tun ist falsch.
Meine Freunde würden mich verurteilen,
mir verbieten, was mich glücklich macht.
Was wir tauschen sind verbotene Küsse
hinter verschlossener Tür.
Und mir gefällt das viel zu gut.
Dieser Nervenkitzel,
das Abenteuer...
Es ist wirklich berauschend,
weil es mit dir ist.
Ich weiß ja, dass es falsch ist,
doch ich pfeif' auf eure Meinung.
Denn es ist unfassbar schön.

Wieso du?

Wieso habe ich damals ihn gewählt?
Wenn es auch dich gab?
Jetzt ist er schon lange vergessen
und ich treffe dich wieder,
seinen besten Freund.
Und wir haben etwas, das es bei ihm nicht gab.
Die Intimitäten,die wir tauschen,
berühren mich auf eine Weise,
die ich nicht kannte.
Ihr seid euch so ähnlich
und trotzdem ist alles anders mit dir.
Ich habe Angst, dass es wieder passiert.
Ich will mich nicht wieder verlieben...
nicht um abgewiesen und verletzt zu werden.
Ich kenne das doch schon,
kenne den Schmerz
und weiß wie lange er hielt,
wie kompliziert das war.
Du gibst mir mehr von dir, als er mir von sich gab
und gleichzeitig weiß ich nichts von dir.
Ich weiß nicht ob ich dir vertrauen kann,
doch ich tue es.
Ich will dich so sehr.
Doch ich will dich nicht verlieren,
indem ich mich verliebe...

Berühren verboten

Auf deiner Stirn steht groß: „Berühren verboten!",
aber deine Augen schreien so danach.
Ich würde ihnen so gerne diesen Wunsch erfüllen,
doch deine Lippen sind Gift für mich.
Jede deiner Berührungen macht mich süchtig nach mehr.
Ich lechze nach ihnen und deinem süßem Lächeln.
Meine Haut verbrennt unter deiner
und ich schmelze, wenn ich in deine Augen schaue.
Sogar deine Ignoranz macht mich auf eine Weise an.
Ich unterwerfe mich dir ganz.
Mein Körper gehört nur dir.
Wenn du lachst, lache ich auch.
Und auch meine Tränen gehen auf dein Konto.
Wenn du es sagst, dann springe ich.
Wohin, ist mir egal.
Der Nervenkitzel, das Verbotene macht mich an,
doch es bringt mich auch um den Verstand.
Ich kann nicht mehr klar denken.
Du nimmst meine Gedanken ganz ein
und vermutlich habe ich keinen Platz in deinen.

Was wärst du?

Wenn mein Leben ein Buch wäre
und ich der Protagonist,
was wärst du dann?
Der Badboy vor der großen Liebe?
Ein guter Freund?
Ein bekannter?
Der unerreichbare?
Oder gar die große Liebe?
Ich weiß nicht was du wärst,
weiß nicht was du bist
und weiß nicht was ich will.
Ich will dich.
Aber wie?
Wie willst du mich?
Wie soll das, was wir haben, funktionieren?
Ich hasse diese Ungewissheit,
doch ich will mich nicht entscheiden,
habe Angst, dass wir uns verlieren,
weil wir was anderes wollen.
Ich will meine Chancen nicht verlieren...

'ne Hoe

Ich komme mir vor 'ne hoe,
wenn ich mit dir schreibe.
Komme mir vor wie 'n Dummkopf ,
weil ich bei dir bleibe.
Habe es satt an dich zu denken,
dir meine Zeit zu schenken.
Habe es satt auf dich zu warten,
lass' mal lieber gleich was starten.
Du siehst mich an wie selbstverständlich
und ich halte dich für ziemlich missverständlich.
Ich bin eine Kerbe im Bettpfosten
und ein weiterer Name auf deiner Liste.
Du willst doch eh nur mit mir in die Kiste.
Doch soll ich dir was sagen?
Ich kann eigentlich nicht klagen.
Das was du willst, will ich auch.
Die Sache läuft mir nicht aus dem Ruder,
nur, dass ich mich dabei fühle wie ein Luder.

Winterwunder

Die Welt versinkt in weiß.
Der Schnee bedeckt mein Heim.
Die Ruhe kehrt hinein.
Ein Winterwunder bleibt.

Die Bäume stehen starr.
Sind kahl doch wunderbar.
Sie schwingen schön im Wind.
Das Laub fällt ganz geschwind.

So schön die Sonne scheint.
Dein Antlitz ist ihr Feind.
Sie strahlt doch du grinst breiter.
Dein Lächeln wärmt mein Herz.

Pia

30 Jahr,
blondes Haar,
doch altern tut sie nicht.
Brille auf,
Tee gekocht,
ab in die Bib, es wird gelernt.
Eine fleißige Studentin,
und das schon seit 8 Jahren.
Eine liebevolle Schwester,
seit 17 Jahren.
Eine umsorgende Tochter,
seit 30 Jahren.

Ohne dich wäre mein Leben,
nur halb so schön.

Nie wieder

"Nie wieder",
habe ich gesagt.
Ich dachte echt ich könnte dich vergessen.
Das werde ich nie tun.
Ein Teil von mir wird sich immer an dich erinnern,
sich nach dir sehnen,
dich vermissen
Und etwas für dich empfinden.
Denn du warst meine erste Liebe.
Nach dir kamen andere,
doch du warst immer da.
Und jetzt mag ich ihn.
Und das konfrontiert mich so mit unserer Vergangenheit.

Ich hasse es, dass niemand mich versteht.
Ich will dich nicht mehr,
und trotzdem wird mein Herz schwach bei dir.
Ich will ihn
Und er macht mich verrückt nach mehr.
Es macht mich verrückt, dass ich ihn nicht habe, nicht
    richtig.
Denn das letzte mal, dass ich so empfunden habe war
    bei dir.

Sehr schwierig

'Liebe' ist ein Wort, das ich oft benutze.
Im Zusammenhang mit Dingen, Essen und Tieren.
Ich sage selten, dass ich jemanden liebe.
Ich bin verliebt, habe lieb,
aber ich liebe nicht.
Ich habe einen crush, häufig sogar
Momentan auf vier Leute
und einer beschäftigt mich besonders.
Er ist sehr ... schwierig ...
Sehr hübsch
Sehr laut
Sehr rebellisch
Niemand mit dem ich zu tun haben möchte,
aber er hat sich mir geöffnet,
aus Versehen sein inneres gezeigt,
seine zerbrechliche Seite.
Und jetzt will ich ihn.
Auf eine verrückte Art und Weise.
So will ich sonst keinen.
Ich denke vor dem Schlafen an ihn,
träume von ihm.
Er beherrscht meine Gedanken.
In der Schule,
Zu Hause,
beim duschen.
Nur Er

Fick mich hart

Fick mich.
Hart.
Steck deinen verdammten Schwanz in meine Pussy.
Ich will dich.
Will, dass du alles mit mir machst, was du willst.
Krall' dich an mir fest.
Leck mich,
bis ich komme.
Nimm alles, was du kriegen kannst.
Alles, was du willst.
Tue Dinge mit mir, die ich noch nicht kenne.
Dinge, die ich will.
Sei dominant
und vögel mich,
Bis ich nicht mehr weiß wo oben und unten ist.
Bis nur noch du in meinen Gedanken bist,
ich mich nicht mehr konzentrieren kann
und es nur nochmal will.
Ich will es oft,
will es lange.
Will dich bis uns alles weh tut,
bis wir Krämpfe kriegen vom ficken.
Ich will, dass das was du mit mir tust weder zart noch
        liebevoll ist.
Ich will es intensiv und voller Stärke.
Ich will soviel.
Schon wenn ich daran denke, fällt mir das Denken schwer.

Wie wird es sein, wenn du in mir bist?
Immer wieder zustößt,
dich in mir versenkst,
mich zum schreien bringst,
es heraus zögerst,

die Positionen wechselst,
mich fickst bis ich dein bin.

Kugel

Ich werfe mich vor dich,
fange die Kugel auf.
Und du liebst mich immer noch,
obwohl ich bewegungslos, stumm da liege.
Dies ist unser Ende.
Aber du musst einen neuen Anfang finden.

Verfallen

Ich denke viel zu viel an dich.
Du nimmst meine Gedanken für dich ein.
Als hättest du es verdient,
dass sie sich um dich drehen.
Du spazierst durch dein Leben,
ganz natürlich,
kein Gedanke wird an mich verschwendet.
Während ich hier sitze,
in meiner Welt versinke
und alle meine Gedanken an dich verschwende.
Ich lese den nächsten Liebesroman
und stelle mir vor,
dass wir es sind,
die langsam aber sicher einander verfallen.
Ich will Zeit mit dir verbringen,
bei dir,
in deinen Armen,
in deinem Bett,
an deinen Lippen hängend,
will dir zuhören,
will, dass du mir zuhörst,
mir verfällst.
Denn ich bin dir längst verfallen.

Heute Früh

Heute früh lagst du noch neben mir,
dein Kopf auf meiner Brust.
Jetzt stehe ich ganz weit neben dir,
der Abstand ist ein Muss.
Ich will dir wieder näher sein,
will dich nicht verlieren.
Doch du bist nicht mehr 'mein',
wann werde ich das kapieren?
Ihre Blicke treffen mich.
Sie hasst mich immer mehr,
denn meine Blicke treffen dich.
Ich wünsche dich hier her.
Triff endlich deine Wahl.
Ich will es einfach wissen.
Das Warten ist die Qual,
doch will dich auch nicht missen.
Meine Gedanken gelten dir.
Deine Gedanken gelten ihr.
Ich vermisse deine Wärme.
Du bist kalt bei mir.
Gibst ihr all deine Pullis
Und frierst dann neben mir.
Ich kann das nicht ertragen.
Können wir uns nicht vertragen?
Können wir nicht!
Du bist jetzt ihrer.
Doch wenn du mal bei ihr zitterst
Kann mein Körper immer deine Decke sein.

Wieder weg

Alles laut um mich 'rum.
Stille in mir drin.
Ich fühle Liebe, fühle dich.
Fühle dich in mir drin,
dein schwerer Körper auf mir,
deine starke Hand an meiner Wange.
Du lässt mich vergessen wer ich bin.
Du findest meine Stellen.
Alles was ich bin und was ich war
siehst du, fühlst du.
Ich sehe dich, sehe in dich, deine Seele.
Doch morgen früh wenn ich aufwache
bist du wieder weg,
das Bett noch warm,
das Kissen riecht nach dir,
die Wohnung nach Kaffee.
Doch du bist nicht mehr da,
nur eine Notiz, wir sähen uns bald.
Das sagst du immer
und gehst zu ihr zurück.
Ich warte hier auf deine Rückkehr,
bin dein sicherer Hafen,
fange dich immer auf
und falle dann selbst.

Du küsst mich

Du küsst mich
und es fühlt sich toll an.
Wir quatschen
und verstehen uns prima.
Deine Hand
fühlt sich richtig an in meiner.
Deine Lippen
passen perfekt auf meine.
Doch was will ich?
Will ich alles?
Oder nichts?
Will ich etwas?
Oder lieber ganz viel?

Erregung

Ich will dich.
So sehr.
Mein ganzer Körper lechzt nach dir.
Ich laufe aus,
werde schon feucht wenn ich nur an dich denke.
Du bist so...
Mir fehlen die Worte.
Ich kann nicht sagen was ich fühle.
Das einzige was sicher ist,
ist Erregung.
Du erregst mich so sehr.
Es tut weh.
Ich hoffe du fickst mich bald.
Will dich in mir,
auf mir,
neben mir.
Will alles was du geben kannst.
Ich freue mich auf alles was kommt.
Bitte erlöse mich von den Qualen
und steck deinen Schwanz in mich.
Stoße fest zu
und bring mich zum stöhnen.

Ich bin dein

Ich bin dein
und du bist mein.
Wir bilden uns ein
für immer zu sein.
Doch diese Ewigkeit
endet bald.
Aber in diesem Augenblick
gehöre ich ganz dir.
Du kannst machen was du willst,
mir geben was du magst.
Ich werde dir alles geben,
hoffen dass du mich so nimmst,
nimmst wie ich bin,
nimmst wie ich es will.
Nimm mich.
Im doppelten Sinn.
Ich bin dein.
Für heute Nacht
und solange du es willst.

Gut

Es war so gut,
du warst so gut
und mir ging es so gut.
Bei dir.
In deinen Armen,
in deinem Bett,
auf deiner Brust,
deine Stimme hörend,
dein Lächeln sehend,
dich riechend.
Alles war gut.
Ich weiß jetzt wie du schmeckst,
weiß jetzt wie du leckst,
weiß jetzt wie du fickst
und wie du liebst.
Wie soll ich je wieder ohne sein?
Wenn alles so gut war, so unfassbar gut.
Wie soll ich nicht daran denken
und dir nicht verfallen?
Wie soll ich aufhören dich zu mögen
und alles von dir vergessen?
Ich vermisse dich.
Das ist ein Fakt.
Denn diese Nacht mit dir war gut.
So gut,
dass ich nur noch daran denken kann
und dich schnell wieder sehen,
wieder hören,
wieder riechen,
wieder fühlen will.

Poch-poch

Ich will meine Gefühle in Worte verpacken,
will aufschreiben wie es mir geht,
will versuchen es begreiflich zu machen.
Aber keine geschriebene Zeile
sagt so viel wie einer meiner Blicke,
wie eine meiner Tränen,
wie ein Laut von meinem Lachen.
Da ist so viel was ich empfinde,
doch ich bekomme es nicht aufs Papier.
Ich denke so viel an dich,
doch mein Stift weiß nicht wieso.
Ich bin verzweifelt.
Mir haben noch die die Worte gefehlt.
Oft habe ich Dinge nur gedacht,
geschrieben,
aber nicht gesagt.
Doch immer hatte ich welche zurecht gelegt.
Bei dir ist es anders.
Es kommt nichts aus meinem Mund,
aus meinem Stift,
weil nichts in meinem Kopf ist.
Nur in meinem Herzen.
Mein Herz spricht nicht meine Sprache.
Das einzige, das ich dir also sagen kann, ist:
Poch-poch
Poch-poch
Poch-poch.

Benebelt

Du küsst mich,
stöhnst in mein Ohr,
krallst dich in meine Hüfte,
versenkst dich in meinem Inneren
und ich nehme nur noch dich wahr.
Du fühlst dich so gut an, in mir.
Mir ist egal, ob ich komme.
Das einzig wichtige bist du.
Und du kommst, so heftig.
Ich bin traurig, weil es jetzt vorbei ist.
Ich vermisse dich bereits in mir.
Es ist fast 11 Tage her.
Ich bin auf Entzug.
Ich bilde mir ein,
mich an alles zu erinnern.
Und doch weiß ich nichts mehr...
Ich bin wie benebelt,
wenn ich an dich denke.
Ich will dich wieder sehen
um dieses Mal Fotos und Videos,
von deinem Gesicht,
zu machen.
Die sind dann nur für mich.
Und ich könnte mir vorstellen,
dass du auch nur für mich bist.

Daten

Am 7.September
Hast du mir geschrieben.
Am 14. September
Habe ich dich kennen gelernt.
Am 8. Oktober
Hast du mich gefickt.
Am 22. Oktober
Habe ich dich hassen gelernt.
Am 4. November
Habe ich Panik bekommen.
Am 7. November
Hast du mich blockiert.

Will Dein sein

Ich hätte dich gerne neben mir.
Jede Sekunde an jedem Tag.
Wenn du nicht da bist,
vermisse ich dich.
Ich vermisse dich ständig.
Ich hoffe, dass du dich meldest,
will, dass du mich überraschst.
Ich will dich wieder sehen,
will endlich deine Hand nehmen
und sie nicht mehr los lassen.
Will neben dir einschlafen,
will kuscheln,
will dich küssen.
Deine Lippen sind bestimmt mega weich
Und gleichzeitig rau.
Deine Hand umschließt fest meinen Körper
Und streichelt ihn ganz sanft.
Du schaust mir in die Augen
Und die Zeit steht still.
Deine Arme umschließen mich
und ich will nie wieder weg von hier,
will für immer „dein" sein.
Ich will Abenteuer erleben,
nichts tun, erwachsen werden,
alt werden
und sterben
mit DIR.
Für den Rückzug ist es zu spät.
Ich mag dich. Sehr.
Ich bin verknallt.
Total und unwiderruflich.

Freunde mit gewissen Vorzügen

Ich will, dass du mich fickst
Und ich will, dass du mich liebst.
Ich will deinen Kopf zwischen meinen Beinen
Und meine Hand in deine Haare gekrallt,
Danach mein Kopf auf deiner Brust
Und deine Hände in meinem Haar.
Ich will, dass du mich liebst
Und ich will, dass ich dich liebe.
Doch es geht nicht.
Es klappt einfach nicht.
Es wäre so einfach.
Mit dir macht alles Spaß,
du verstehst mich
und die sexuelle Anspannung ist riesig.
Aber es geht nicht.
Es ist einfach keine Liebe.
Die Schmetterlinge fehlen
Und das kribbeln
all diese großen Gefühle,
die ich noch nie hatte.
Du wärst perfekt als erste „Liebe",
aber du bist es nicht.
Wir sind Freunde,
gute Freunde,
vielleicht Freunde mit gewissen Vorzügen,
aber niemals ein Liebespaar.
Denn dafür fehlt die Liebe

Gegangen

Warum bist du gegangen,
ohne mir zu sagen was du willst
ohne mich zu fragen was ich will?
Warum bist du gegangen?
Ich hätte dich gerne um mich 'rum
Neben mir,
in mir,
bei mir.
Doch du bist weg,
antwortest nicht,
denkst vermutlich nicht mal an mich.
Ich könnte dich gerade echt gebrauchen,
aber du bist nicht hier.
Ich könnte eine Umarmung vertragen,
deinen Rat,
dein „Das wird schon wieder".
Ich weiß nicht was ich tun soll.
Ich fühle mich so leer und ausgelaugt.
Ich kann dich nicht lesen,
verstehe dich nicht

Besonders

Du richtest deinen Blick auf mich
Und ich fühle mich besonders.
Du hast diesen Stimmfall,
der mich glauben lässt,
ich bedeute dir etwas.
Du bedeutest mir etwas,
etwas zu viel.
Wir kennen uns nicht lange,
doch ich weiß,
wir haben alle Zeit der Welt.
Denn du wirst mich nicht mehr los
Nicht morgen
Und nicht in 100 Jahren.
Nicht solange du mir gibst,
was du mir gerade gibst.
Ich bin nervig
Und komisch
Und vollkommen irre.
Das weiß ich,
aber du nimmst es einfach hin.
Wir verstehen uns so gut
Und ich weiß nicht was der Haken ist.

Fick mich. Jetzt

Fick mich.
Jetzt.
Ich will dich so dringend in mir.
Mein Körper zergeht vor Lust.
Ich will dich hinter mir,
deinen Schwanz in meiner Pussy.
Will deine harten Hände in mein Fleisch gegraben.
Will dass du in mir kommst.
Ich kann an nichts anderes denken.
Nur daran wie gut sich dein Schwanz in mir anfühlt und
    wie geil du mich fickst.
Ich will dich lange,
will dich hart.
Will dich bis ich komme,
will dich bis ich nicht mehr stehen kann.
Will dass mir alles weh tut
Und du dir trotzdem alles nimmst,
weil du mich so sehr willst.
Ich will dich so tief in mir,
dass ich dich in meinen innerem spüre.
Will, dass du in meine Ohren beißt
Und stöhnst
Dass ich dich zum stöhnen bringe,
zum kommen bringe.
In mir.
Fick mich.
So hart, dass das Bett vibriert
Oder der Tisch
Oder was auch immer.
Ich will dich jetzt.
Fick mich.

Tageshighlight

Ich denke den ganzen Tag an dich.
Du bist mein Tageshighlight
Und das an jedem Tag.
Egal, was ich erlebe ...
Du bist der Erste, der es erfährt.
Kann es nie erwarten, dir zu erzählen,
was mir das Leben so bringt.
Kann es nie erwarten,
deine Stimme zu hören.
Jede Nachricht von dir
Lässt mein Herz schneller schlagen.
Sie bringt mich dem Abend näher.
Dem Zeitpunkt, wenn ich deine Stimme höre,
dein atmen,
mich deine Worte einlullen
und langsam in den Schlaf geleiten.
Und dann kommt der schlimmste Part des Tages.
Das „duut"
Und du bist wieder weg
Und ich schlafe ein
Und eine neuer Tag beginnt.
Ohne dich.

Er ist...

Er ist das Beste, was mir je passiert ist.
Er ist alles was ich brauche.
Er ist das Happy-End in meinem Lieblingsbuch.
Er ist das erste Stück Schokolade an einem schlechtem
    Tag.
Er ist der letzte Sonnenstrahl nach einem perfektem Tag.
Er ist mein oben, mein unten, mein links, mein rechts.
Er ist ein Blick in meine Zukunft und meine liebste
    Erinnerung.
Er ist mein lautestes Lachen und mein tiefster Schlaf.
Er ist meine wärmste Umarmung und mein gierigster
    Kuss.
Er ist was ich mich nicht zu träumen traute, mein größter
    Wunsch, meine sehnlichste Begierde.
Er ist, worauf ich bereit war, mein Leben lang zu warten.

Er ist was ich nie verlieren will.

JA

Deine Hände auf meinem Körper.
Es fühlt sich genau richtig an.
Jede einzelne Stelle brennt.
Sie alle wollen von dir berührt werden,
können nicht genug von deiner Zärtlichkeit bekommen.

Mein Typ

Was ist eigentlich dein Typ?
Werde ich dauernd gefragt.
Dabei habe ich gar keinen.
Auf den ersten Blick kann ich jemanden nicht ansprechend finden,
aber wenn er nett ist, ist er attraktiv.
Ich will einen Lauch
Mit bisschen Bauch,
einen kuscheligen Bär,
mit Speck etwas mehr,
einen bemuskelten Mann,
der mir beim tragen helfen kann.
Mir egal wie er aussieht,
solange er mit mir kuschelt
und meine Haare durchwuschelt.
Er soll seine Zeit mit mir teilen
Und nicht so schnell urteilen.
Soll mich lieben
Und mir das auch zeigen.
Er soll sein Leben leben,
ohne mich.
Und soll sein Leben lieben,
mit mir.
Er soll mich küssen,
als würde er ertrinken
und ansehen,
als gäbe es nur mich.
Er soll meine Hand halten
Und ihr irgendwann einen Ring anstecken.
Soll sein Bett mit mir teilen,
aber nicht seine Decke.
Soll meinen Körper lieben
Und meine Seele.

Aber wenn man den richtigen trifft
Und es klick macht
Dann ist das auch alles egal.

Schlampe

Ich würde dich gerne „Schlampe" nennen,
denn das ist was ich fühle.
Aber „Schlampe" ist ja weiblich
Und du bist -ach- so männlich.
Ich würde dich gerne „Hure" nennen,
denn das ist was ich fühle.
Aber „Hure" ist ja weiblich
Und du bist -ach- so männlich.
Ich würde dich gerne „Fotze" nennen,
denn das ist was ich fühle.
Aber „Fotze" ist ja weiblich
Und du bist -ach- so männlich.
Ich würde dich gerne „Nutte" nennen,
denn das ist was ich fühle.
Aber „Nutte" ist ja weiblich
Und du bist -ach- so männlich.
Wenn ich dich tief verletzen will,
weil ich tief verletzt bin,
dann muss ich dich „Arschloch" nennen
und das ist so wenig.
Es gibt so viele Wörter für Frauen, voller Hass,
die Männer uns an den Kopf werfen,
Tag für Tag.
Und wir tun ihnen den Gefallen und sind gekränkt,
aber wenn wir sie kränken wollen,
dann kratzt das nicht mal an der Schale.
Warum muss ich „Idiot" sagen,
wenn alles in mir „Fotze" schreit,
weil du eine Fotze bist.
Muss ich nicht
Und werde ich nicht.
Wenn ich dich „'ne „Nutte" nenne,
weil ich es so fühle.

Dann fängst du gefälligst an zu flennen,
weil es sich so gehört.

Ich kann nicht schlafen

Ich kann nicht schlafen,
aber du schläfst schon lange.
Mein Kopf ist ganz verdreht,
kann nur daran denken,
was du heute gesagt hast.
Kann nicht schlafen
Ohne Antworten
Antworten auf hundert Fragen
In meinem Kopf.
Und du willst mir alles morgen sagen
Und das ist ja auch okay,
aber ich kann nicht schlafen,
weil diese Sache meinen Kopf beherrscht.
Ich sehe die Sterne draußen
Und dich vor meinen Augen.
Doch ich kann nicht schlafen,
weil ich Angst habe dich zu verlieren.
Ich will dich nicht verlieren.
Niemals.
Ich kann nicht schlafen,
weil ich weiß ich bin nicht Perfekt,
aber ich versuche es für dich zu sein.
Ich liebe zum ersten mal so stark
Und es soll doch für immer sein.
Deshalb kann ich nicht schlafen.

Ist okay

Dir geht es gerade nicht so gut.
Und das ist auch okay.
Aber ich will mit dir reden
Und mit dir kuscheln
Und dich aufheitern,
aber du willst nicht.
Weil du sowas eben anders verarbeitest als ich.
Und das ist okay,
aber ich verstehe es nicht.
Du kannst mir nicht sagen,
dass du mich lieb hast
oder was mit dir los ist
und das ist okay.
Ich will dir sagen, dass du mich damit verletzt,
aber ich will dir nicht auf die nerven gehen
oder dich stressen.
Also sage ich nichts
Und das ist okay.
Ich will niemandem erzählen wie ich mich fühle,
weil ich mich nicht so fühlen will.
Deshalb bleibe ich alleine,
obwohl ich es hasse alleine zu sein.
Aber ich tue es für uns.
Also ist es okay.
Ich will einfach nur deine Stimme hören
Und dich riechen
Und fühlen,
aber ich darf nicht.
Und das ist nicht okay.
Nichts davon ist okay.
Aber ich sage, dass es okay ist
Während ich alleine hier sitze
Und weine

Und innerlich zerbreche.
Weil ich dich nicht verschrecken möchte.
Ich möchte, dass wir für immer sind.
Das möchte ich wirklich,
aber dann musst du lernen mit mir zu reden.

Du bist alles, was ich brauche

Ich hab meinen besten Freund verloren als du gegangen
bist.
Du bist alles was ich brauche, alles was ich will.
Nicht mehr.
Ich kann über alles mit dir reden
Und mit niemandem über dich.
Du bist so wertvoll.
Der einzige mit dem ich reden will bist du.
Der einzige den ich sehen will bist du.
Die einzige Umarmung, die ich brauche, ist deine.
Alles was ich sehe, bist du.
Alles was ich fühle, bist du.
Alles was ich will, bist du.
Ich gebe alles dafür her, wenn ich dich wieder habe.
Wozu brauche ich Bücher, wenn ich dich habe?
Wozu brauche ich Musik, wenn ich dich habe?
Wozu muss ich reden können? Du verstehst mich auch
ohne Worte.
Ich wünschte ich könnte dich hassen.
Dann wäre alles einfacher.
Ich werde kämpfen.
Bis zum letzten Zug

Meine Angst

Ich habe Angst davor jetzt wochenlang alleine zu sein
bis du merkst, dass es ein Fehler war.
Ich habe Angst, dass du nicht merkst, dass es ein Fehler
war.
Ich habe Angst, dass du es sogar für richtig hältst.
Ich habe Angst nie wieder so zu empfinden.
Ich habe Angst je wieder so zu empfinden.
Ich habe Angst vor dem was kommst,
weil alles viel schlechter sein wird ohne dich.
Meine größte Angst ist es alleine zu sein.
War es schon immer und du weißt das.
Trotzdem hast du mich alleine gelassen.

Höllisch weh

Ich weiß nicht, ob ich dich noch liebe
Oder es nur weh tut, verlassen worden zu sein.
Du hast mich vor einiger Zeit verlassen.
Vor kurzem hast du dich von mir getrennt.
Es tut weh.
Höllisch weh,
aber dann war es überraschend ok.
Und jetzt tut es wieder weh.
Höllisch weh.
Und ich weiß nicht, ob es wegen dir ist
Oder wegen des Gefühls, das ich vermisse.

Ich möchte bereit sein für Neues,
offen sein für Neues,
für jemand neuem.
Ich will den Einen finden
Den Einen, der der Richtige sein wird.
Aber ich weiß nicht, ob ich bereit bin, dich zu vergessen,
dich hinter mir zu lassen.
Dich und die Zeit, die wir zusammen hatten.
Ich will nicht wieder lieben
Und geliebt werden
Nur um zu zerbrechen.
Will nicht,
dass es wieder weh tut.
Höllisch weh.
Noch nie in meinem Leben tat etwas so weh.
Höllisch weh.
Und ich kann das nicht nochmal.

Du hast mir weh getan.
So höllisch weh getan.
Und ich will keinem zweiten diese Macht geben.

Will kein zweites Mal verletzt werden.
Will aber auch nie so sehr verletzen.

Gleichzeitig will ich frei sein
Und laut
Und witzig.
Ich will, dass Leute über meine Witze lachen.
Ich will mit Typen schlafen.
Und ich will mit Typen lachen.
Ich will lieben
Und geliebt werden.
Aber ich will nie nie wieder
Verletzt werden
Nur, dass das sich nicht vermeiden lässt.

Nicht schon wieder

Ich will mich nicht verlieben.
Wirklich nicht.
Das bringt nur Drama,
ist kompliziert.
Und wozu?
Um verlassen zu werden.
Verletzt zu werden.

Ich will mich verlieben.
Wirklich.
Jemanden für immer haben,
mit dem man alles teilt.
Jemand,
der dich nimmt wie du bist
Und den du nimmst wie er ist.

Ich bin in einem Zwispalt.
Hab beschlossen mich erstmal auszuprobieren.
Will schauen was mir das Leben bringt.
Niederlassen kann man sich auch später.

Und dann kommst du.
Du bist perfekt,
willst auch nur Sex.
Und es ist alles so einfach.
Wir verstehen uns gut.
Der Sex ist gut.
Alles ist wie ich es wollte.

Und warum schlägt mein Herz dann schneller wenn ich
    dich sehe?
Warum passt bei uns alles so gut und macht alles so
    schwer?

Ich weiß, dass es anders wäre wenn ich verliebt wäre,
aber ich habe Angst, dass es passiert.
Gleichzeitig male ich mir aus, dass es dir auch passieren
    würde...

Sorry

Du hast keinen Bock auf mich,
und sagst Sorry.
Ich sage, das bin ich gewohnt,
du sagst Sorry.
Von deinem Sorry kann ich mir nichts kaufen,
will ich mir nichts kaufen.
Ich will jemandem wichtig sein,
an erster Stelle stehen
und ihn an erste Stelle stllen.
Aber du hast keinen Bock auf mich.
Sorry.
Ich kenne das ja.
Irgendwann hatte ER keinen Bock mehr auf mich.
Trotzdem bin ich bei ihm geblieben.
Es tat ihm Leid.
Sorry.
Ich kann ‚Sorry' nicht mehr hören.
Ich will lieber was anderes hören.
Was schönes.
Sorry tut mir so weh.
Ihr tut mir alle weh
Und sagt nur Sorry.
Steht doch wenigstens dazu,
denn das ‚Sorry' macht es eh nicht besser.

Allein

Ich fühl mich alleine
Und brauch dich so sehr.
Doch du bist nicht bei mir.
Du brauchst mich nicht mehr.

Ein Bild

Ich hätte gern ein Bild von dir.
Ein richtiges,
kein Digitales.
Eins, das ich an einen Ort tun kann,
in eine Schachtel,
sicher verwahrt.
Eins, das ich rausholen kann, wenn ich es sehen will.
Es soll mich nicht überraschen wenn ich durch meine
    Galerie scrolle.
Ich will es aus einer Schachtel holen,
dein Gesicht sehen,
mich an unsere Zeiten erinnern.
Meinen Kindern sagen
„Das ist nicht euer Vater".
Ich will die Gefühle fühlen,
dich ich mit dir gefühlt habe
und nach dir gefühlt habe,
nur weil ich dein Bild sehe.
Ich will Nostalgie.
Ich will dein Bild sehen,
wenn ich es sehen will,
es aus einer staubigen Schachtel holen
und mich an dein Lachen erinnern.
Und dann will ich nicht mehr weinen,
so wie jetzt.
Ich will dann glücklich sein,
ohne dich.
Ich will, dass du glücklich bist.
Ohne mich.
Ich will, dass das was ich fühle aufhört.
Ich will, dass dieser Schmerz aufhört.
Dieser ständige Schmerz.

Roulette

Es ist wie Roulette.
Es fuckt mich so ab.
Ich mag dich.
Du magst mich.
Und dann bist du weg.
Hast mich gelöscht,
Auf allen Kanälen.
Blockiert.
Und ich sitze hier.
Und warte auf dich.
Auf eine Antwort,
Ein Zeichen von dir.
Doch du willst mich nicht.
Niemand will mich.
Es ist immer erst schön
Und dann eher nicht.
Erst schlafe ich gut,
In Gedanken bei dir.
Dann schlafe ich schlecht,
Hab stundenlang geweint.
Und du hast dir nichts dabei gedacht.
Aber du bist nicht der erste.
Es passiert mir immer wieder.
Und jedes verdammte mal,
Falle ich darauf rein.
Als wäre ich komplett dumm.
So fühle ich mich
Dumm und naiv.
Und mir tut alles so weh.
Und das wird wieder ewig dauern bis es verheilt
Und ich weiß immer noch nicht, womit ich das verdiene.

Danksagung

Zuerst möchte ich meinen Eltern danken, die mich immer und in allem, was ich getan habe, unterstützt haben und alle meine Krisen und dummen Einfälle mitgemacht haben.

Besonderer Dank gilt hierbei auch meinem Vater der alles Korrektur gelesen hat und sich mit meinen Wünschen beschäftigt hat.

Auch ein großes Dankeschön an alle Jungs, deretwegen ich an Liebeskummer gelitten habe und so immer neue Gedichte schreiben konnte.

Außerdem danke ich auch allen anderen Protagonisten meiner Gedichte, wie zum Beispiel meiner Schwester oder meinen Freunden und Freundinnen.

Besonders muss ich noch meiner besten Freundin, Luca, danken, die sich meinen ganzen Herzschmerz immer angehört hat und sich jedes Gedicht hat vorlesen lassen. Ohne dich wäre ich nicht da, wo ich jetzt bin. Du hast mich immer wieder aufgeheitert.

Auch möchte ich den Personen danken, zu denen ich am Anfang meines Schreibprozesses noch einen guten Kontakt hatte; leider haben sich einige verloren.

Danke auch an Erna, die mir immer sehr konstruktive Kritik zu meinen Gedichten gegeben hat und mit mir meinen Weg der Poesie gegangen ist.

Index

Zeitfracht Medien GmbH
Ferdinand-Jühlke-Straße 7
99095 Erfurt, Deutschland
produktsicherheit@kolibri360.de